王質《詩總聞》研究

李 家 樹 著

文史哲學集成
文史哲出版社印行

國家圖書館出版品預行編目資料

王質《詩總聞》研究 / 李家樹著. -- 初版. --
臺北市：文史哲，民85
　面；　公分. -- （文史哲學集成；367）
參考書目：面
ISBN 957-549-026-6（平裝）

1. 詩經 - 評論

831.18　　　　　　　　　　　85007802

文 史 哲 學 集 成 ㊱

王質《詩總聞》研究

著　　者：李　　　家　　　樹
出 版 者：文 史 哲 出 版 社
登記證字號：行政院新聞局局版臺業字五三三七號
發 行 人：彭　　　正　　　雄
發 行 所：文 史 哲 出 版 社
印 刷 者：文 史 哲 出 版 社
　　　　臺北市羅斯福路一段七十二巷四號
　　　　郵撥〇五一二八八一二　彭正雄帳戶
　　　　電話：（〇二）三五一一〇二八

定價新臺幣二〇〇元

中 華 民 國 八 十 五 年 七 月 初 版

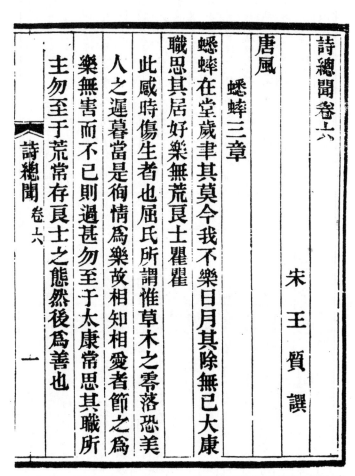

宋　王質　撰

唐風

蟋蟀三章

蟋蟀在堂歲聿其莫今我不樂日月其除無已大康

職思其居好樂無荒良士瞿瞿

此感時傷生者也屈氏所謂惟草木之零落恐美

人之遲暮當是徇情為樂故相知相愛者節之為

樂無害而不已則過甚勿至于太康常思其職所

主勿至于荒常存良士之態然後為善也

一

《詩總聞》道光咸豐間大梁書院刊、王儒行等印同治7年《新鐫經苑》本

聞音者凡音韻是古音無有不叶特稱謂之殊哂吸之
別傳為舛訛連析差跌與夫古人取之法不同博
級之法亦異雖古律不可以此而抑然吟誦涌亦
有所助益像見古人之心聞語法有不期而合者作
聞音一

聞訓者凡字義是古訓多不同隨語生意亦有不當為
此訓而為此訓有當為此訓而不為此訓有本願具
義強出多端故語意多勝失作聞訓二

聞章者凡分段是古為童後為解或以韻轉或以語轉
或以事轉或以勢轉當是音調抑揚低昂不同故文
辭相依隨而章節泰大率以意細推自見若拘於繁
聞短長則其意不附章而生作聞章三

聞句者凡句前以庸為整有以亂為整或其
意一斷一續之間一上附一下連之際迫令人聞拓
以至眾嚅咨嗟從此得入作聞句四

欽定四庫全書
詩總聞

聞字者凡字是古字聞多通用亦於偽修繁為之間
清濁輕重之際媯掾欒括不勞更張有生義味但不
可率情變文以附合己意若絕削得宜古今略無差
別不見外手他讀作聞字五

聞物者凡鳥獸草木是古物無其今物但稱訓差殊今
詩所見凡不出書傳所載但博搜詳味或有三見共同
一出即可從不然亦必兩合其合仍須有理可以中
情不可徒求合也切不用求奇喜新宛轉推測其衆
所共識已經凡者不與作聞物六

聞用者凡羂物是古今凡無定展轉差殊令一鄉一里
其所用制度稱謂有各不同制度雖同而稱謂不同
者稱謂雖同而制度不同者況方俗間絕年代深
邈但首尾前後以意細推自出縱不即出久當自省
作聞用七

聞跡者凡在處是山川土壤州縣鄉落皆不可輕認亦
必左右前後參伍錯綜以相推測或可得其真亦有

王質《詩總聞》研究

目　錄

一、緣起

　　在中國傳統文化裏面，"經學"與"文學"是對立的。"經學"除了是文字故訓以外，還有着比較深刻的內容，跟政治、道德拉上密切關係，經師們都愛以經說教。至於"文學"，如果擺脫說教的牢籠，就可以恢復它的原來面貌。為文學下定義，不能用現代西方的文學觀點作標準。以《詩經》為例，用"三百篇"當諫書，就是經學，重視它的詩歌性質，就是文學。經學的反面是文學，文學的反面是經學，兩者的界限截然劃分。

　　《詩經》從經學到文學，過程經歷了二千年，主要分為漢、宋及五四以還三個階段。漢儒為了使《詩》符合“經”的地位，無論是古文學派抑或是今文學派，都沒有把詩歌當作文學去研究，反而嚴重歪曲詩篇的原意，用封建道德觀點釋詩，千方百計把《詩》解釋爲一種教化的工具。到了宋代，學者企圖衝破漢學的藩籬，他們大都說“國風”乃里巷歌謠，是男女各言其情的詩，很吻合當時社會實際情況。可是，他們又提出“淫詩”之說，根據孔子（公元前551—479）所說的“思無邪”（《論語·爲政》）一語，就說詩本身有邪、正，讀《詩》的人不要胡思亂想，對“淫詩”應存着無邪之念，避免給淫詩影響。宋人批評漢儒以《詩》說教，他們何嘗不是墮入了說教的窠臼？直到五四運動（1919）以後，以胡適（1891—1962）、顧頡剛（1893—1980）爲首的“疑古學派”才蜂起雲湧地反對舊說，主張揚棄教化觀點，把《詩經》由“五經”的寶座拉下來。他們不滿漢儒以降的“美”、“刺”之說，也不滿宋儒反對漢人不徹底，呼籲要把《詩經》從漢、宋腐儒之手解放出來，掃去層層雲霧，以民間歌謠的角度去探討《詩經》的內容。①

　　根據《四庫全書總目提要》的作者所言，“南宋之
初，廢《詩序》者三家，鄭樵、朱子及質也”，②在
《詩經》研究方面，當時反對漢學舊說的，以鄭樵
（1103—1162）的《詩辨妄》、朱熹（1130—1200）
的《詩集傳》和王質（1127—1189）的《詩總聞》最
具代表性。

　　以往不少學者對鄭樵《詩辨妄》（已佚）與朱熹
《詩集傳》都曾作過探究、考析，所寫就的專著及論文
實在不勝枚舉。關於鄭樵的，以我所知，較著的有顧頡
剛的〈鄭樵詩辨妄輯本〉、③阮廷焯的〈鄭樵詩辨妄考
輯〉、④于大成的〈鄭樵詩學考〉，⑤等等；關於朱熹
的，有潘重規的〈朱子詩序舊說敘錄〉、⑥陳美利的
〈朱子詩集傳釋例〉、⑦楊鍾基的《詩集傳舊說輯
校》、⑧賴炎元的〈朱熹的詩經學〉、⑨曾伯藩的〈論
朱熹對詩經研究的功過〉、⑩莫礪鋒的〈朱熹“詩集
傳”與“毛詩”的初步比較〉、⑪原新梅的〈朱熹“詩
集傳”對“毛詩序”的批判和繼承〉、⑫梁宗華的〈朱
熹“詩集傳”對“詩經”研究的貢獻〉，⑬等等。我也

把在港大寫的碩士學位論文〈國風詩序與詩集傳之比較研究〉撮改，於一九七九年出版了《國風毛序朱傳異同考析》一書，⑭並隨後相繼發表〈詩經國風毛序朱傳異同考〉⑮及〈試論"鄭風淫"的問題——宋朱熹、呂祖謙"詩經"論學述評〉⑯兩文作爲補充。王質的《詩總聞》不知爲了何故乏人問津。日本學者村山吉廣（Murayama Yoshihiro，1930— ）曾用日文寫過一篇〈王質"詩總聞"考略〉的短文⑰，內容空洞，只屬於書介性質，沒多大的參考價值。一九八八年，黃忠慎出版《南宋三家詩經學》，⑱把程大昌（1123—1195）的《詩論》跟鄭、朱的著作相提並論："本書僅論南宋鄭、程、朱三家，說《詩》咸能獨抒己見，或掙脫毛鄭之說，或直探詩人本旨，雖其謬誤不能免，然精闢之見更是疊見層出。"⑲這是黃氏個人的選擇理由，但學者們棄王質的《詩總聞》不顧，持的又是怎樣的理由？一時沒法深究。程大昌的《詩論》，僅得一卷，雖也反對舊說，如以二《南》與《雅》、《頌》並列，又謂《南》、《雅》、《頌》爲樂詩，諸國之《風》爲徒詩，卻從沒批駁《詩序》之說，而且撰文暢論《詩序》

決不可廢，⑳跟南宋當代去《序》言詩的風氣是南轅北
轍的。《四庫全書總目提要》的作者說王質的《詩總
聞》“毅然自用，別出新裁，堅銳之氣，乃視二家爲加
倍”，㉑“二家”，指鄭、朱；如果批評的當，以《詩
論》取代《詩總聞》，相信難以令人接受。

　　我曾經發表過一篇以〈王質“詩總聞”初探〉爲題
的文章，透過通盤檢查《詩總聞》的內容，探討王質說
《詩》的觀點和方法。㉒我特別指出：真正推倒《毛詩
序》的，在南宋是鄭樵和王質。朱熹所謂攻《序》，口
頭上非常猛烈，見諸書面又是另一回事；就十五《國
風》而言，《詩集傳》跟從《詩序》的幾達百分之七
十。鄭樵的著作不傳，沒法窺其全貌。㉓王質去《序》
言詩，考訂毛、鄭之失以及反對漢人以經說教的傳統，
立場堅定，始終如一。他的《詩總聞》除《豳風》外，
其他《國風》拋棄《序》說的，印象是百分之九十以
上，而二《雅》的例子也不少。《詩集傳》在攻《序》
方面與之相比，真不可同日而語。㉔

　　王質的《詩總聞》在宋代甚至是整個"詩經學"的歷史上是一本被忽略和被低估了的《詩經》專著。我這篇論文的重點，是爲《詩總聞》在歷代"詩經學"史上的地位，提供一個比較公平的定讞。在探討王質說《詩》的觀點和方法之餘，我察覺到《詩總聞》的二十卷的篇幅，其實包涵了豐富的內容，有許多更是跳出了前人舊說所囿的。例如作者還按照人的感情來分析詩的具體內容，就值得仔細研究。如果詩歌是現實生活的反映，王質以人情論《詩》，是初步自覺地用文學眼光來研究《詩經》。因此，我又發表一篇以〈王質"詩總聞"的文學觀〉爲題的文章，再次檢閱《詩總聞》的內容，從王質"以人情論《詩》"說起，看看他怎樣由此啓導了用文學眼光來研究《詩經》的傾向，並嘗試把《詩總聞》裏所揭櫫的文學觀呈現出來。㉕

　　這本小書是在上述兩文的基礎上擴充、補述、總結而寫成的。一九九〇年我出版《詩經的歷史公案》一書（由臺北大安出版社印行），考查了漢、宋及五四以還三個階段"詩經學"的內容和發展的趨向。在考查漢、

宋三個時期“詩經學”的同時，我發覺在過去二千多年
的嬗遞演變中，出現了爲數不少的《詩經》專著，各各
有自己不同的《詩》說，在每個不同的歷史階段裏，都
產生過重要的影響。傳統的、屬於主流的，自然受到重
視，至於非傳統的、在主流以外的，雖也曾作過貢獻，
卻備受忽略。對於歷代許許多多的《詩經》專著，我都
很感興趣，以宋朱熹《詩集傳》爲例，我就曾做過深入
的研究；特別是那些備受忽略的著作，更能挑起我研究
的興味。既然備受忽略，那就正好說明在《詩經》研究
的範圍裏存在着一塊從沒開墾過的處女地。一九九四
年，我再出版《傳統以外的詩經學》（由香港大學出版
社印行），收錄〈王質“詩總聞”初探〉一文，以王質
《詩總聞》作爲研究個案之一。本書把王質《詩總聞》
獨立處理，無非是想更詳細地探討王質說《詩》的觀點
和方法，以及更深入地考察他的《詩》說在歷代“詩經
學”中佔的是什麼位置。一本被忽略和被低估了的著
作，是值得研究者多花功夫、多費筆墨將它的內容真相

和歷史地位揭示出來的，這也是促使我出版我有關《詩
經》研究的第四本專著的原因。

二、成書背景

　　王質，字景文，號雪山，其先鄆州（治今山東東平）人，徙居興國（今屬江西）。早游太學，與九江王阮（？——1208）齊名。紹興三十年（1160）進士，曾爲張浚（1097—1164）幕僚，入爲太學正。上疏請孝宗（1163—1189在位）早定和戰守之策，忌之者斥爲異論，罷去。虞允文（1110—1174）宣撫州、陝，辟質同行。後歷敕令所刪定官、樞密院編修官等職。允文當國，推薦王質任右正言，卻爲權宦所阻，因而奉祠山居，絕祿不仕。㉖據《宋史》本傳，王質"博通經史，善屬文"、"鯁亮不回，且文學推重於時"。㉗王阮《雪山集・原序》說："聽其論古，如讀酈道元《水經》，名川支川，貫穿周匝，無有間斷；間語世務，計後成否，又如孟子言曆，千載日至，毫無釐差，咳唾隨風，皆成珠璣，使讀之者如嚼蜜雪，齒頰有味。"㉘文章、氣節俱見重於世。著有《詩總聞》、《紹陶錄》、《雪山集》。

自唐高宗永徽四年（653）頒孔穎達（574—648）《毛詩正義》於天下，每年明經取士皆依此考試，㉙唐代以還的學者都不敢輕議毛、鄭的得失，對於《毛詩序》也是照樣跟從了。㉚但是，到了宋仁宗慶曆年間（1041—1048），情況就有了改變，學者喜歡拋棄歷史包袱，而另外創立新的學說，這種棄舊立新的精神漸漸形成了一種時尚。㉛慶曆以後這種立新精神，是宋代學者對漢、唐箋注千百年來訓詁名物的孜孜以求感到厭倦而激發出來的。㉜漢代章句訓詁之學，後期逐漸發展成為凝固的狀態，隋、唐的義疏雖然虛實繁簡未必完全相同，立場和古文經並無差異，所以宋代自闢蹊徑，不再墨守前人傳注。特別是唐代有了佛經的雕版以後，到五代，刻了《九經》和《文選》等書，北宋時又刻了

《十五史》和諸子等書，學者得書方便，見多識廣，更易比較研究；同時受了禪宗“呵佛罵祖”的影響，敢對學術界的權威人物和著作懷疑，結果宋代的疑古運動蓬勃發展，達到一個新的高度。㉝

《詩經》方面，率先攻擊舊說的，有歐陽修（1007—1072）、蘇轍（1039—1112）二人。歐陽修的《毛詩本義》“本出於和氣平心，以意逆志，故其立論，未嘗輕議二家”，㉞而蘇轍的《詩集傳》“亦不激不隨，務持其平者”，㉟所以仍然沒有跳出毛、鄭範圍。到了南宋諸儒，如鄭樵、王質、朱熹，才開始正式提出激烈的言論。黃震（1213—1280）《黃氏日鈔》卷4〈讀毛詩〉說：

　　雪山王公質、夾漈鄭公樵始皆去《序》
　　而言詩，與諸家之說不同。晦庵先生因鄭公
　　之說盡去美刺，探求古始，其說頗驚俗，雖
　　東萊不能無疑焉。㊱

鄭樵的《詩辨妄》詆斥《詩序》最力，而朱熹那本《詩集傳》也是根據它而寫成的。③⑦王質的《詩總聞》“自稱覃精研思，幾三十年始成是書”，③⑧按鋟板者陳日強品題，此書“以意逆志，自成一家，真能寤寐詩人之意於千載之上”。③⑨朱熹注釋《詩經》，自稱易稿兩次，初稿全遵《小序》，晚年改爲跟從鄭樵之說，即是《詩集傳》現存的本子。⑩

　　鄭、王、朱三家去《序》言詩，朱熹因襲鄭樵之說；陳日強說王質“刪除《小序》實與文公先生合”，④①似與事實不符。王、朱二人雖同是主張廢《序》，但取向相異，《四庫全書》的編者推測“朱子之學方盛，故日強假之以重質耳”，④②也頗合情理。

　　王質費了近三十年的時間才把《詩總聞》寫完，書成以後卻不能即時出版，要到宋理宗淳祐三年（1243），即他死後五十四年，始由陳日強鋟梓印行。④③清道光（1821—1850）年間錢儀吉（1783—1850）編《經苑》時，收錄了《詩總聞》，並把此書

的“聚珍本版”重新校訂。據錢儀吉所言，黃震說
《詩》，“朱、呂（指呂祖謙——引者）二家外，惟取
雪山王氏，知其書在宋時傳習頗眾”，[44]王質的《詩總
聞》在南宋還是有一定的影響力的。

錢儀吉編校《詩總聞》時，發覺“明以來未見專
刻”，“是書又更無他本可校”，[45]可知《詩總聞》的
刻本有“聚珍本”及“經苑本”兩種。[46]

三、體例別出新裁

　　王質著《詩總聞》，共二十卷，已注意到體例的完
善和統一："其書取《詩》三百篇，每篇說其大義，復
有'聞音'、'聞訓'、'聞章'、'聞句'、'聞
字'、'聞物'、'聞用'、'聞跡'、'聞事'、
'聞人'凡十門；每篇爲'總聞'，又有'聞南'、
'聞風'、'聞雅'、'聞頌'，冠於'四始'之
首"；⑰"其書有'聞音'謂音韻，'聞訓'謂字義，
'聞章'謂分段，'聞句'謂句讀，'聞字'謂字畫，
'聞物'謂鳥獸草木，'聞用'謂凡器物，'聞跡'謂
凡在山川、土壤、州縣、鄉落之間，'聞事'謂凡事

實，‘聞人’謂凡人姓號，共十聞”。㊽單從結構體例而言，此書可稱得上是費煞苦心，別出新裁的了。

細閱《詩總聞》的〈原例〉，王質說《詩》的方法可概括爲二：一是着意考證事實；二是注重涵泳本文。

《詩總聞》的“聞”，其實就是考證的意思；考證在王質看來都須持之有故。例如“聞訓”，他認爲“凡字義是古訓多不同，隨語生意”，因此反對“有不當爲此訓而爲此訓，有當爲此訓，有本無異義，強出多端，故語意多暗失”；㊾例如“聞字”，他認爲“凡字畫是古字固多通用……不勞更張，自生義味”，因此反對“率情變文，以附合己意”；㊿例如“聞物”，他認爲“凡鳥獸草木是古物無異今物，但稱謂差殊”，不妨“博搜詳味”，因此反對“求奇喜新，宛轉推測”。(51)

涵泳本文，可助考證。例如“聞跡”，他主張“先繹本文，徐及他載”；(52)“聞事”，他主張“先平心精意，熟玩本文，深繹本意，然後即其文意之罅，探其事實之跡”；(53)“聞人”，他主張“其隱昧遺落，亦就本文本意及旁人左右前後推量”。(54)他再番強調涵泳本文的重要性：“以意細推自見”、“首尾前後以意細推自見”，⑤疏通了詩的上下文，考證當能迎刃而解。

　　因此，涵泳本文，是爲了考證事實，考證事實返過來是爲了通解詩意，目的都在推翻漢人舊說。宋陳振孫《直齋書錄解題》卷2批評《詩總聞》說：

　　　　其說多出新意，不循舊傳。⑤

可謂非常確切。不妨舉《王風·君子陽陽》看王質如何通過涵泳本文和考證事實來推翻漢人舊說。〈君子陽陽〉，《毛詩序》說：“閔周也。君子遭亂，相招爲祿仕，全身遠害而已”，⑤以爲是君子遭亂世而苟安於祿之詩。《毛傳》說：“國君有房中之樂”，⑤《鄭箋》說：“君子祿仕在樂官，左手持笙，右手招我，欲使我從之於房中，俱在樂官也。我者，君子之友自謂也，時在位有官職也”，⑤都說亂世時在位者爲免禍害，不求道行，只是呼朋引類，相與作樂。王質按自己的體會而提出反駁："大率舊說多以伶官爲賢者君子之地。夫賢者君子廉恥乃其本節,安肯求食而爲此流也。當是以簧韜之故,不特誤以婦人之夫爲君子(錢儀吉按:"據首章注以此詩爲婦人之辭,此當言誤以婦人爲君子之友,蓋駁鄭氏義。"),而又誤以地名之房爲房中樂也。語意亦于房中不順。"⑥他指摘舊說因詩中提及"簧"、"韜"等樂器,所以誤以爲君子與友輩於房中作樂:"房、敖,皆地名。當是招其妻從房從敖而往也。此言不安其所,既去則樂。陽陽,酒色也;陶陶,酒意也,以酒銷憂,夫婦相爲樂也。"⑥他的重要考證是指出舊說以爲俱在樂官的"房"、"敖"乃地名:"房在汝南,敖在滎陽。房見《左氏》,楚遷房于荊敖,即搏獸于敖之敖",⑥又進一步爲自己把此詩當作是夫婦相爲樂的看法提高了可信性。暫不理會王質的體會和考證是對是錯,從他的解說可見他確把涵泳本文和考證事實緊密地結合起來。

四、《詩》說的重要內容

　　王質說《詩》，力求去《序》言詩，從《詩序》的
束縛中解放出來，而按照自己的體會，逐次解說"三百
篇"的詩意。例如《召南·小星》，《毛詩序》說：
"惠及下也。夫人無妬忌之行，惠及賤妾，進御於君，
知其命有貴賤，能盡其心矣"，㉓胡諉些夫人承后妃之
化，能不妬嫉以惠其下。《詩總聞》解爲："宵征，言
夜行；在公，言公事，非賤妾進御之辭，當是婦人送君
子以夜，而行事急則人勞稱命，言不若安處者，各有分
也。大率昔人至無可奈何不得已者，歸之于命，孔子所
謂不知命無以爲君子也"，㉔完全摒棄了《詩序》的說
法，而所言又合情合理。例如《王風·君子于役》，

《毛詩序》說：“刺平王也。君子行役無期度，大夫思其危難以風焉”，⑥談的總是跟詩的教化作用有關。《詩總聞》解爲：“當是在郊之民，以役適遠，而其妻于日暮之時，約雞歸棲，呼牛羊下來，故興懷也。大率此時最難爲別懷，婦人尤甚”，⑥可以說深得此詩三昧。又例如《鄭風‧子衿》，《毛詩序》說：“刺學校廢也。亂世則學校不修焉”，⑥牽強地把此詩與學校廢，教化不興扯上一起。《詩總聞》解爲：“此己在位而故人在野者也。青衿，野服；當是相思而有欲見之意，望其來而不肯至者也”；“此從事在都，多務不得適野，以此寄謝，然其不安之情可見”；“曹氏‘青青子衿，悠悠我心，但爲君故，沈吟至今’，正引此詩無爽”，⑥以詩論詩，而另見新意。

　　他也考訂了《詩序》、《毛傳》、《鄭箋》之失。舉《邶風》的〈式微〉及〈旄丘〉爲例。舊說都以爲這兩首詩說的是黎侯爲狄人所逐而寄居於衛之事。〈式微〉，《毛詩序》說：“黎侯寓于衛，其臣勸以歸也”，⑥《鄭箋》申述說：“黎侯爲狄人所逐，棄其國

而寄於衛，衛處之以二邑，因安之，可以歸而不歸，故
其臣勸之"；⑩"二邑"，《毛傳》以爲即詩中的"中
露"及"泥中"。⑪〈旄丘〉，《毛詩序》說："責衛
伯也，狄人追逐黎侯，黎侯寓于衛，衛不能修方伯連率
之職，黎之臣子以責於衛也"，⑫《鄭箋》以爲〈式
微〉之詩，乃黎侯臣子勸其歸國，此詩則責"衛伯不恤
其職，故其臣於君事亦疏廢也"，以致衛的臣子"叔與
伯與女期迎我君而復之，可來而不來"。⑬《詩總聞》
卻有這樣的見解："中露、泥中，言行役冒犯之苦，語
法如此，未必是地名也。鄭氏所謂衛公以二邑處黎侯，
或說衛公者，宣公也。宣公父子夫婦，其亂不可勝言，
何暇及人？能以二邑處黎侯，蓋亦過厚，而黎之臣子責
以不修方伯連率之職，似非人情。故〈旄丘〉之叔伯，
若以人情推之，當爲黎之親族而非衛之臣子也。"⑭詩
人怨懟的說是黎的親族而不是衛臣，似更合乎情理。再
舉《邶風‧二子乘舟》爲例。〈二子乘舟〉，《毛詩
序》說："思伋、壽也。衛宣公之二子，爭相爲死，國
人傷而思之作是詩也"，⑮《毛傳》把伋、壽的故事說
得更詳細："二子，伋、壽也。宣公爲伋取於齊，女而

美，公奪之，生壽及朔。朔與其母愬伋於公，公令伋之
齊，使賊先待於隘而殺之。壽知之，以告伋。伋曰：
「君命也，不可以逃。」壽竊其節而先往，賊殺之。伋
至，曰：「君命殺我，壽有何罪？」賊又殺之。國人傷
其涉危遂往，如乘舟而無所薄，汎汎然迅疾而不礙
也。」⑦《詩總聞》反駁說：「……舊說以為伋、壽爭
相為死之事。尋詩乘舟汎水，有相思不忍別之意。伋、
壽之變，死者一君、二長子、二公子；大亂者二世，交
爭者三國，而廢立者二天王，豈所謂「不暇有害」者。
然伋、壽之死，亦非人情，似好奇者所為辭。伋、壽之
變，縱如《左氏》所言，亦曖昧倉卒，而非如此從容者
也。」⑦從詩的內容證實《毛傳》與《毛詩序》說的跟
詩意相背。

　　《詩總聞》去《序》言詩，考訂舊說的錯誤，其實
是反對漢人以經說教的傳統。漢代經師為了使《詩》符
合「經」的地位，用封建道德釋詩，來達到他們維護封
建禮教、鞏固政權的目的。就《毛詩序》而言，它的作
者對《詩經》篇義的解釋，有不少部分是肆意曲解，跟

詩的實際內容不合。主要的毛病是穿鑿附會，妄生美
刺。王質在《詩經》的研究上，論難辨惑，對這些加諸
“三百篇”上的層層迷霧，自然要着意掃除。以《鄘
風‧柏舟》和《衛風‧木瓜》爲例。〈柏舟〉，《毛詩
序》說：“共姜自誓也。衛世子共伯蚤死，其妻守義，
父母欲奪而嫁之，誓而弗許，故作是詩以絕之”；⑱
〈木瓜〉，《毛詩序》說：“美齊桓公也。衛國有狄人
之敗，出處于漕，齊桓公救而封之，遺之車馬器服焉。
衛人思之，欲厚報之而作是詩也”，⑲把一首女子不願
嫁之詩，說成是衛共姜守節的誓辭，一首答謝別人的簡
單詩歌，拉扯爲衛人欲厚報齊桓公救衛之恩，可算是穿
鑿附會之至。《詩總聞》直接指出〈柏舟〉中的“柏
舟”，“當是送女歸人之舟；母欲女歸人而女願事母，
不欲去家，其母不以爲然，故極道其真心，以死自
誓”；⑳而〈木瓜〉之意，是“瓜、桃、李雖易得而皆
可食之物，瓊琚、瑤玖雖甚珍而止可玩之具，我所得皆
實用，所報者皆虛美，以此推之不足以報也”，㉑卻把
什麼衛共姜、齊桓公都拋諸腦後了。《邶風‧新臺》與
《鄭風‧有女同車》二例更爲明顯。〈新臺〉，《毛詩

序》說：“刺衛宣公也。納伋之妻，作新臺于河上而要
之，國人惡而作是詩也”，⑧《詩總聞》反對其說，以
爲“《春秋傳》所載宣公之事雖有，而恐非此詩”，
“尋詩當是此地之人娶妻不如始言，故下有不悅之辭，
本求燕婉，乃得惡疾者爲可恨也”。⑧〈有女同車〉，
《毛詩序》說：“刺忽也。鄭人刺忽之不昏于齊，太子
忽嘗有功于齊，齊侯請妻之，齊女賢而不取，卒以無大
國之助，至於見逐，故國人刺之”，⑧《詩總聞》同樣
斥爲無據：“所見親迎之禮，彼美之貌，似是與婦成禮
而非憚耦辭昏者，《左氏》鄭忽辭昏之事甚詳，此專拾
其說，不惟尋詩無見，亦與《左氏》不合，當是因姜姓
爲齊女，遂以鄭忽附之，識者更詳”。⑧他在解說《唐
風‧揚之水》與《陳風‧宛丘》時分別有這些結論：
“惟意事稍叶，若茫然莽以意推，又茫然欲與事合，恐
未可爲定論也”；⑧“事不明，人不的，徒以一時之
謚，遂著爲一時之實，攷古如此，恐未免多誤也”。⑧

　　妄生美刺之例，尤俯拾即是。以《鄭風‧丰》與
《齊風‧還》二詩爲例。〈丰〉，《毛詩序》說：“刺

亂也。婚姻之道缺，陽倡而陰不和，男行而女不隨”，⑧《詩總聞》解爲：“丰，親迎者之貌，當是壻無可議，而主昏者忽有所嫌；當是時已至，男來迎而主昏者卒有異謀，不克成禮，後有悔者也”；⑧〈還〉，《毛詩序》說：“刺荒也。哀公好田獵，從禽獸而無厭，國人化之，遂成風俗，習於田獵謂之賢，閑於馳逐謂之好焉”；⑨《詩總聞》解爲：“此中土常態，亦不必太夸，當是輕儇驕恣之人，非嘉士也”，⑨所說都與美刺無關。又以《小雅》的〈我行其野〉、〈谷風〉、〈車舝〉、〈都人士〉四詩爲例。〈我行其野〉，《毛詩序》說：“刺宣王也”，⑫《鄭箋》說：“刺其不正嫁取之數而有荒政，多淫昏之俗”，⑬《詩總聞》解爲：“此以貧欲棄舊姻而以富欲求新匹者也，雖成不足以致富，假使有得，亦終散而不聚也，適足以爲怪”；⑭〈谷風〉，《毛詩序》說：“刺幽王也。天下俗薄，朋友道絕焉”，⑮《詩總聞》解爲：“此必同經患難而他時稍達棄恩忘舊者也”；⑯〈車舝〉，《毛詩序》說：“大夫刺幽王也。褒姒嫉妒，無道並進，讒巧敗國，德澤不加於民，周人思得賢女以配君子，故作是

詩也”，⑰《詩總聞》解爲：“此士大夫欲得賢女以自
慰也。尋詩士大夫之心甚切，當是此女之譽甚美，故此
士之情甚深，而末章得如所願也”；⑱〈都人士〉，
《毛詩序》說：“周人刺衣服無常也。古者長民衣服不
貳，從容有常，以齊其民，則民德歸壹，傷今不復見古
人也”，⑲《詩總聞》解爲：“當是都人之賢士君子之
賢女相爲夫婦而去都，都人思之者也；此似餞送之辭。
當是其士既賢，而其女又淑”，⑳說的與《毛詩序》大
相逕庭。

五、"涵泳本文"的啓導

王質去《序》言詩，考訂毛、鄭之失以及反對漢人
以經說教的傳統，《詩總聞》裏的例子極多；就十五
《國風》來說，除《豳風》外，《詩總聞》拋棄《序》
說的，在百分之九十以上，而二《雅》的例子也不
少。⑩

其實，王質說《詩》漸漸從經學轉向文學，又是顯
然易見的。他在卷1解說《周南·葛覃》時已開宗明義
把自己釋詩的方法說了出來：

　　說詩當即辭求事，即事求意，不必縱橫
曼衍……遺本旨而生他辭，竊取其美以覆庇
其不知，此談經之大病也。⑩

　　這跟他在〈原例〉中所提到的看詩當涵泳本文其實是
如出一轍的。他的口頭禪是“尋詩”，如“尋詩可
見”、⑬“尋詩未有所見”、⑭“尋詩皆無見”、⑮
“尋詩不見”、⑯“尋詩止見”，⑰等等，即是以詩論
詩，從詩的上下文來探測詩人的旨意。如《周南‧兔
罝》，《毛詩序》說：“后妃之化也。〈關雎〉之化
行，則莫不好德，賢人眾多也”，⑱王質根據詩人所
述，說得比較清楚：“西北地平曠，多用鷹犬取兔，東
南山深阻，多用罝。東南自商至周，常爲中國之患；當
文王之時，江漢雖定，然淮夷未甚盡服，當是此地有覩
物興感者，尋詩可見”。⑲如《鄭風‧東門之墠》，
《毛詩序》說：“刺亂也。男女有不待禮而相奔者
也”，⑩王質又根據詩文的“其人甚遠”、“子不我
即”兩句，認爲“尋詩不見奔狀”：“其人甚遠，女未

就男，不我即，男未就女；若奔，則不期而遽合，何有
此辭"；"奔，當作去聲，猶言急投也，冒危犯難，觸
刑越禮，皆有所不顧，情所逼也，雖遠且不憚矣，奚況
不遠"。⑪他的結論是："此詩從容悁悒，與棄不同，
蓋謀昏而未諧也"，"當是女家男家相鄰，室甚近而人
甚遠，蓋男家頗難之，而女家欲成之也"，⑫說得合情
合理，易於為人接受。

　　王質注重涵泳本文啓導了他用文學眼光來研究《詩
經》的第一步。

六、以人情論《詩》

　　王質說《詩》注重涵泳本文，切實地突破了漢人以經說教的傳統，把《詩》當詩來讀。試看他如何把一些古代愛情詩歌從經學的枷鎖中解放出來。《召南·野有死麕》，《毛詩序》說：“惡無禮也。天下大亂，彊暴相陵，遂成淫風，被文王之化，雖當亂世，猶惡無禮也”，⑬《詩總聞》解爲：“女至春而思有歸，吉士以禮通情而思有所耦，人道之常，或以懷春爲淫，誘爲詭，若爾安得爲吉士，吉士所求必貞女，下所謂如玉也”。⑭《鄭風·溱洧》，《毛詩序》說：“刺亂也。兵革不息，男女相棄，淫風大行，莫之能救焉”，⑮

《詩總聞》解爲：“女情有所迫，男有所憚，故再督而始從”。⑯

　　主要的是，王質按照人的感情來分析詩的具體內容。第四節舉他論《邶風》的〈式微〉、〈旄丘〉二詩，已知他是以“人情”看詩。他又嘗說：“大率論古，當以人情推之”；⑰“大率詩發于眾情，出于眾辭，難拘以定律也”；⑱“今古雖異，人情不遠也”。⑲於此除“人情”外，他也有一些常用語，如“人道之常”、⑳“常事”、㉑“常情”，㉒等等。他相信詩歌是現實生活的反映，在解說詩意時，揆情度理，會想到把詩歌和現實生活相印證，這就有助於對不少詩歌獲得比較正確的解釋。例如解說《王風・中谷有蓷》：“嘗見旱歲道塗夫婦相攜相別，有不忍之情，于男女亦然，此事自古有之。初嘅嘆，吐氣之微也；次條歗，吐氣之猛也；次啜泣，吐聲而又吐液也，此分攜之時也，所見亦然”；㉓解說《王風・葛藟》：“皆以兄弟爲辭，當是爲不友之兄弟所隔，而不得安處者，或棄而與他人，或出而繼旁族，終不若所天之愛，此真情也。今人或如此，以異姓之子爲子，以同姓之子爲子，多始末有參差，故有歸姓歸宗，不幸至有流落死之者，此人蓋有此恨也"。⑫王質也寫詩，有本身的體驗，當然更能懂詩意，他說的"所見亦然"及"此真情也"，正是他所了解的詩意在現實生活裏獲得了印證。

循着王質說《詩》注重涵泳本文，以人情論《詩》，踏出從經學轉向文學的第一步，可以追縱並把《詩總聞》裏所揭櫫的文學觀勾勒出來，如果已經是形成了的話。

七、《詩總聞》的文學觀

　　王質說《詩》注重涵泳本文，以人情論《詩》，是自覺地用文學眼光來看《詩》，與前截然相反。

　　首先，對詩歌的批評和欣賞，王質有初步的理論探索。

　　他強調詩歌的批評和欣賞，應從整體着眼，分析篇章結構，探求局勢變化。如分析《邶風・綠衣》說：“言衣服漸闕，恩愛弛也。一章綠衣黃裏，二章綠衣黃裳，已非備禮之正服，三章但有綠絲而不能成衣裳也，四章以夏服禦秋冬之風，并與綠絲亦無可見，恩愛盡替也。其初已度他時之有增，故末云實獲我心，言與所期相應也"；⑫分析《鄭風·緇衣》說："緇衣，卿士之服。當是在外入為卿士，在都者相與為禮，緇衣且宜、且好、且蓆，尚以為敝，欲有所更，甚欲其美也；既適館，又授粲，惟恐其禮之不周也"。⑫他特別看重詩篇的文勢脈絡。《鄭風·遵大路》的評論說："執袪，留之切；執手，留之愈切。其人決去既已堅，苦挽必不樂，留者亦不敢取，必但願其不速，姑小駐以敘久要也"。⑫也注意感情變化和詩意發展的關係。如分析《召南·行露》說："露仲春始成，昏姻之時也，不相諧而有爭，故著其辭。此（首章）當是男家趨女家，而女家託故不往，以為豈不欲早夜赴期定約，然露不可往也……此章猶婉，下章甚厲……此（二、三章）男家欲合，女家欲判也。比類以雀、以鼠，加以穿屋、穿墉之名，甚不欲媒之至也；自決以獄、以訟，終不願曲徇，甚不欲己之行也。當是男家之辭稍堅，故女家之辭亦峻"。⑫讀詩從整體上把握，可以比較充實具體，更易了解詩意。其他如評《周南·桃夭》"詩舉物多花而後實，實而後葉，不然亦以豐約別深淺，不惟記事，亦句法當爾"，⑫評《王風·黍離》"自苗至穗，自稷至實，度及半載，不應行役無故，淹留至此，當是東周懷忠抱義之士來陳秦庭，以奉今主，歸舊都意"，⑬⓪都與詩人的謀篇布局有關。

　　王質更進一步，嘗試考察作者的思路，帶領讀者進入詩境。

　　看他如何論述《召南・草蟲》、《召南・摽有梅》、《鄭風・風雨》、《秦風・晨風》四詩。〈草蟲〉："陟南山，望其夫也；陟北山，亦望其夫也。采蕨、采薇以自飽而有所待也。鄭氏以爲婦人適人，未見謂在塗時，既見謂同牢時，既覯，已昏也。覯爲昏，不若爲遇意正而情深。未適人之婦人不當有此念"；⑬①〈摽有梅〉："梅實初所存者十之七，次所存者十之三，至取以筐莒則甚熟，否則委地盡也。其在春夏之交，故其辭愈進愈急也，當是婦人無依者亟欲及時"；⑬②〈風雨〉："婦于夫多稱君子，當是秋時將旦而聞雞，此婦人之情所難處者也。方有所思而遽見，故有興悅愈疾之辭"；⑬③〈晨風〉："此必北林之賢者，與人相逢問何如也。大率居山林，遠市朝，所謂理亂不知，黜陟不聞，故有所逢，則有所問，蓋其心之所抱而不能自已者也。如何繼以如何，急問之，欲急之也，此人當是操心，危慮患深，未能忘懷于世者也」。⑭他要求把詩的思想內容和藝術形式統一起來，進行綜合的具體分析。如論述《小雅》的〈四牡〉、〈黃鳥〉、〈正月〉、〈小弁〉及《大雅》的〈民勞〉、〈板〉等詩，就顯示了這個特點。〈四牡〉："豈不懷歸，詩多有此辭，悲情之中有愿意，臣子之義兼全也。不遑啓處，詩亦多有此辭，與豈不懷歸同情，二句合在一章尤動人"；⑬〈黃鳥〉："此離散之餘，去本邦而寓他土者也。借黃鳥為辭，無集于穀，無啄我粟，留為歸資，復見舊族也，厭他土而思本邦之辭也"；⑯〈正月〉："一詩及憂者八，而言憂之狀者又不一也，所謂小心良是，心最小者憂最深"；⑰〈小弁〉："此詩每章皆因物有感，一章飛鸒，二章茂草，三章桑梓，四章菀柳、鳴蜩、萑葦、舟流，五章奔鹿、雉雊、壞木，六章投兔、死人，七章伐木、析薪，八章山泉、梁笱，有懷在心，凡觸物皆傷感也"。⑱〈民勞〉："此小子，即〈板〉之小子也，是用大諫兩詩皆言之。民亦勞止亦下民卒癉之意；惠此中國亦曾莫惠我師之意；以謹繾綣亦無爲夸毗之意；而式弘大亦憲憲、泄泄，謔謔、蹻蹻之意；無俾正敗、無俾正反，亦勿以爲笑之意。大率相同甚多，恐是其作同出一人，所指亦爲一人，但此詩辭簡而肅，〈板〉詩辭周而和也"；⑬〈板〉："此老而練、少而儇者之辭也，終始曲折，勸之無怒，心無峻語，至王則仍有美辭，以聖言、以明言、以旦言，斯人其愛君憂國者也"。⑭結合內容和形式來分析，自然而然地掌握了詩人的旨意，對詩歌的藝術內涵也有更深的體會。

　　王質似乎（因爲例子不多）重視詩歌藝術的發展和繼承，並沒有把《詩經》孤立地拿來評述。

　　如說《衛風‧伯兮》、《鄭風‧子衿》、《唐風‧蟋蟀》、《唐風‧綢繆》等詩，即見一斑。〈伯兮〉："伐鄭之役在秋，故皆舉秋物寄意，背樹而立，嘆美草之已萎，不可復榮，恐君子萬一不幸也。當是已知王敗績。潘氏'彼詩人之攸嘆，從願言而心痗（錢儀吉按：潘岳〈寡婦賦〉之文，從當作徒字之誤也。），榮華蔚其始茂，良人忽以捐背'，蓋得本意"；⑭〈子衿〉：
"故人在位，而不往見，蓋賢者也。故人在野，而有所
慚，亦賢者也。曹氏'青青子衿，悠悠我心，但爲君
故，沈吟至今'，正引此詩無爽"；⑭〈蟋蟀〉："此
士大夫之相警戒者也，杜氏所謂'人生歡會豈有極，毋
使霜露霑人衣'"；⑭〈綢繆〉："今夕何夕，難逢忽
遇之意也，後人多用。杜氏所謂'今夕復何夕，共此燈
燭光'"。⑭探討了後代詩人對《詩經》藝術手法的借
鑒，可算是比較重視文學方法的流變和承傳的。

八、眞正推倒《毛詩序》

　　王質去《序》言詩，比諸朱熹是更徹底的。他把《詩》當詩來讀，並對詩歌的批評和欣賞有初步的理論探索，南宋以還是以他爲先的。如果說他在《詩總聞》裏已經建立了一套完整的文學觀，那是有些過分其辭的。從點點滴滴的資料來看，《詩總聞》的重要貢獻，在於著者能突破漢、宋經師桎梏，改變了漢、宋以來"詩經學"的發展方向，懂得用文學眼光來研究《詩經》。

　　他特別看重並發掘詩歌的文學特質。看他如何賞析《鄭風‧出其東門》及《齊風‧東方之日》二詩。〈出其東門〉：“雖游女如雲之盛，如茶之密，皆非所思，知其有所主也。惟縞衣而綦巾，縞衣而茹藘者可與通歡。縞衣，婦喪夫者也。綦，蒼艾色；茹藘，絳色，以色包首出游，不肯全縞，男見此動念，知其無主也”；⑭〈東方之日〉：“此男子本誘婦人而來，乃若無故而至者，佯爲驚狀，欲攜婦人而去，乃若見迫不得已者，佯爲窘狀”，⑭與前代經師說《詩》比較，完全相異。

又把“三百篇”從“經”的寶座拉下來，恢復了《詩經》（至少《國風》部分）的民歌面貌。如《周南·漢廣》，《毛詩序》說：“德廣所及也。文王之道被于南國，美化行乎江漢之域，無思犯禮，求而不可得也”，⑭《詩總聞》解爲：“秣馬、秣駒，皆游子欲求游女之意，卒有所抑畏而止，以江漢遏情，言不可犯也”；⑭《王風·揚之水》，《毛詩序》說：“刺平王也。不撫其民而遠屯戍于母家，周人怨思焉”，⑭《詩總聞》解爲：“當是役夫遠戍而恨其家薪芻之不充，憫

其妻貧苦獨處，願與之同戍而有所不可，則逆計月以數
歸期也"，⑮⓪都切合詩意。

　　王質說《詩》，勇於創新，放言高論，有時雖流於
輕率擬類，但由此可見《詩經》在他心中，已不是高不
可攀的聖經教本了。如《鄭風‧女曰雞鳴》，《毛詩
序》說："說德也。陳古義以刺今，不說德而好女色
也"，⑮①而《詩總聞》曰："當是君子喜結客，婦人又
好客，惟恐君子不得良友也，亦欲其來以觀其人。杜氏
送王砅詩：'自陳翦髻鬟，鬻市充杯酒，上云天下亂，
宜與英俊厚。向竊窺數公，經綸亦俱有。'此殆王珪之
妻也"；⑮②《鄭風‧山有扶蘇》，《毛詩序》說："刺
忽也。所美非美然"，⑮③而《詩總聞》曰："此婦人適
夫家，經歷山隰所見，當是媒妁始以美相欺，相見乃不
如所言，怨怒之辭也"，"此媒妁之過也，今或多如
此"；⑮④信筆聯繫實際，大膽提出新見，也可算是前無
古人了。因此，"三百篇"作為垂訓後世的"經"的地
位，是由王質開始才給打破的。真正推倒《毛詩序》
的，也是他的《詩總聞》，而不是朱熹的《詩集傳》。

用封建道德觀點釋《詩》，來達到維護封建禮教、鞏固政權的目的，是漢以後的事。

"三百篇"經秦火以後，漢初傳《詩》的有魯、齊、韓、毛四家。《魯詩》大師是申培，《齊詩》大師是轅固，《韓詩》大師是韓嬰，《毛詩》大師是毛亨、毛萇。在武帝（劉徹，公元前156—87，公元前141—87在位）時，魯、齊、韓俱列於學官，而《毛詩》由河間獻王劉德獻上以後，到了平帝元始（1—5）時才得立。魯、齊、韓三家總稱今文家，而毛氏叫做古文家。除了博士們所用的經書本子，今文用漢代當時的隸書寫、古文用漢以前的文字寫以外，今文講微言大義，尊信緯書，古文詳章句故訓，並斥緯書爲誣妄。⑮

兩漢《詩經》經學爲什麼盛極一時？《漢書・儒林傳贊》說：

自武帝立五經博士，開弟子員，設科射策，勸以官祿，訖於元始，百有餘年，傳業

> 者寖盛，支葉蕃滋，一經說至百餘萬言，大
> 師眾至千餘人，蓋祿利之路然也。⑮

漢武帝在建元元年（公元前141）下令表彰儒術，罷黜
百家，⑰大力提倡經學，經師在利祿的引誘之下，在經
學方面挖空心思，穿鑿附會，大搞煩瑣哲學，這樣才能
"一經說至百餘萬言"。

穿鑿附會的說《詩》風氣，申培、轅固、韓嬰等已
開其端。《漢書·藝文志》批評三家說：

> 或取《春秋》，采雜說，咸非其本義，
> 與不得已，魯最為近之。⑱

他們以《春秋》和雜說來釋《詩》，可想而知是用來附
會詩義。清皮錫瑞（1850—1908）《經學歷史》卷3
〈經學昌明時代〉說：

惟前漢今文學能兼義理訓詁之長。武、
宣之間，經學大昌，家數未分，純正不雜，
故其學極精而有用。以〈禹貢〉治河，以
〈洪範〉察變，以《春秋》決獄，以三百五
篇當諫書，治一經得一經之益也。⑲

皮錫瑞是今文家，對今文家的《詩》說當然讚不絕口，
但不免露出馬腳，把今文家的毛病說了出來。所謂"以
三百五篇當諫書"，正是今文家用《詩經》來說教一個
活生生的例子。《漢書·儒林傳》說：

式爲昌邑王師。昭帝立，昌邑王嗣立，
以行淫亂廢。昌邑羣臣皆下獄誅……式繫獄
當死，治事使者責問曰："師何以亡諫
書？"式對曰："臣以《詩》三百五篇朝夕
授王，至於忠臣孝子之篇，未嘗不爲王反復

誦之也。臣以三百五篇諫，是以亡諫書。”

使者以聞，亦得減死論，歸家不教授。⑯

況且，西漢以來陰陽五行學說流行，三家久立於學官，牽涉緯書雜說自然不在話下。《漢書》說他們的附會“咸非其本義”，是頗中肯綮的結論；漢武帝以後的“三家詩”經師，都是朝着這個方向走並且大加發展的。可惜他們的著作今天失傳了，只能從一些後人引述中看到他們遺說的一鱗半爪。⑯

　　西漢可說是三家佔盡優勢的時代，所以《毛詩》顯得寂寂無聞。東漢時，古文一派興旺起來，經學大師鄭玄（127—200），打通今古文的界限，⑯爲《毛詩》作了“箋”。這本《毛詩箋》，以《毛詩》爲本，兼采三家，⑯在當時是一部很重要的著作，學《詩》的人，都得遵守它的說法。⑯到了魏晉，《鄭箋》的地位如日中天，無與倫比。⑯由於這個緣故，《毛詩》就可以單獨流行了。《齊詩》魏代已亡，《魯詩》亡於西晉，⑯而《韓詩》還見《新唐書·藝文志》著錄，⑯大抵北宋時尚存，到了南宋即告遺佚，至今流傳的只有《韓詩外傳》十卷。

　　今本《詩經》，也即《毛詩》，除了《毛傳》，還於各篇之首，冠有序文。《漢書・藝文志》著錄《毛詩》二十九卷，就是《毛詩》的本經了；又著錄《毛詩故訓傳》三十卷，則指《毛傳》而已。⑯據清王引之（1766—1834）考證，《毛詩》二十九卷，即包括本經二十八卷，及序一卷，而所謂《毛詩故訓傳》三十卷，則是毛公作“傳”時，把《周頌》一分爲三，而《序》一卷移置各篇之首，所以得三十卷。⑯《毛傳》的作者，毫無疑問是毛公。《漢書・儒林傳》說：

　　　毛公，趙人也，治《詩》，爲河間獻王
　　博士，授同國貫長卿。⑰

唐孔穎達（574—648）《毛詩正義》卷1之1引鄭玄《詩譜》說：

　　　魯人大毛公爲《詁訓傳》於其家，河間
獻王得而獻之，以小毛公爲博士。⑰

孫吳陸璣《毛詩草木鳥獸蟲魚疏》說：

　　　孔子刪《詩》授卜商，商爲之序以授魯
人曾申，申授魏人李克，克授魯人孟仲子，
仲子授根牟子，根牟子授趙人荀卿，荀卿授
魯國毛亨，毛亨作《詁訓傳》，以授趙國毛
萇；時人謂亨爲大毛公，萇爲小毛公。⑫

都指出《毛傳》的作者是毛亨，並沒有說他作《序》。
陸璣交代《詩序》是卜商（公元前507—？）所作，不
過以訛傳訛，《毛詩序》到底是誰作，素來聚訟紛紜。
尊《序》者以爲出於孔子、子夏、國史，⑬但《詩序》
的語文風格不類先秦文字，⑭此說已不在考慮之列。
《後漢書·儒林傳下》說：“九江謝曼卿善《毛詩》，
迺爲其訓，宏從曼卿受學，因作《毛詩序》，善得風雅

之旨，於今傳於世"，⑰以為《詩序》作者是東漢時代
的衛宏（約25年前後在世），又是過猶不及的。不少地
方與《毛傳》相違戾的《詩序》應在《毛詩》傳世以後
才出現，⑯而年代跟《毛傳》不會相差太遠，不待衛宏
之時始做。⑰考《詩序》的內容，時有反覆繁重，似乎
不成於一時，也非出於一手。⑱推想西漢時博士分立，
一家增置，其餘各家必定怨望，所以古文家可能依托
《毛傳》來制作《詩序》。《詩序》作者，當然是西漢
經師無疑，他們說孔子、子夏作，無非想借聖人之名以
廣流傳而已。⑲〈儒林傳〉說衛宏作《序》，他做的最
多是潤色、集錄的工夫。⑳

　　詩歌婉轉詠漢，由於體裁關係，通過比興的手法，
它的意旨往往不大顯露。跟"三家詩"一樣，《毛詩》
的經師們都以《詩經》的效用來解釋三百〇五篇的主要
內容。《毛詩序》說：

　　　　……故《詩》有六義焉。一曰
"風"……五曰"雅"，六曰"頌"。上以

　　風化下，下以風刺上，主文而譎諫，言之者
　　無罪，聞之者足以戒，故曰"風"。至於王
　　道衰，禮義廢，政教失，國異政，家殊俗，
　　而"變風"、"變雅"作矣。國史明乎得失
　　之迹，傷人倫之廢，哀刑政之苛，吟詠情性
　　以風其上，達於事變而懷其舊俗者也。故
　　"變風"發乎情，止乎禮義；發乎情，民之
　　性也，止乎禮義，先王之澤也。是以一國之
　　事，繫一人之本，謂之"風"；言天下之
　　事，形四方之風，謂之"雅"。"雅"者，
　　正也，言王政之所由廢興也；政有小大，故
　　有《小雅》焉，有《大雅》焉。"頌"者，
　　美盛德之形容，以其成功告於神明者也。是
　　謂四始，《詩》之至也。⑱

　　古有采詩之官，爲了觀察各地風俗的良否，所以搜集民
間歌謠，作爲統治階級施政的參考，"上以風化下，下
以風刺上"，這裏面貫穿着封建的道德教化觀點。《毛

詩》經師也強調詩歌的社會作用和政治作用，他們講
"《風》、《雅》正變"以及詩的"美"、"刺"。所
謂"變風"、"變雅"，都是"王道衰，禮義廢，政教
失，國異政，家殊俗"的產物。他們特別指出："治世
之音安以樂，其政和；亂世之音怨以怒，其政乖；亡國
之音哀以思，其民困。"⑱證明詩歌的發展，與時代、
歷史條件有密切關係。從封建的道德教化觀點說
《詩》，可以把詩篇的理解作為政治和道德的批判依
據。《毛詩正義》卷1之1申述《毛詩序》的意思說：

　　　夫天下有道，則庶人不議，治平累世，
　則美刺不興，何則？未識不善，則不知善為
　善，未見不惡，則不知惡為惡，太平則無所
　更美，道絕則無所復譏，人情之常理也。故
　初變惡俗，則民歌之，《風》、《雅》正經
　是也；始得太平，則民頌之，《周頌》諸篇
　是也。若其王綱絕紐，禮義消亡，民皆逃
　死，政盡紛亂，《易》稱天地閉、賢人隱，

於此時也，雖有智者，無復譏刺。成王太平
之後，其美不異於前，故頌聲止也，陳靈公
淫亂之後，其惡不復可言，故“變風”息
也。班固云：“成康沒而頌聲寢，王澤竭而
詩不作”，此之謂也。然則“變風”、“變
雅”之作，皆王道始衰，政教初失，尚可匡
而革之，追而復之，故執彼舊章，繩此新
失，覬望自悔其心，更遵正道，所以“變
詩”作也。以其變改正法，故謂之變焉。⑱

把詩篇的義理作爲政治和道德性的批判依據，最大的特
徵除了所謂“美”、“刺”的觀念以外，序《詩》時還
嚴格按照時代次序。通過“美”、“刺”和時代次序的
安排，所有詩篇都可以跟政治和道德扯上關係了。⑱

　　《毛詩序》說詩歌的作用，可以“經夫婦、成孝
敬、厚人倫、美教化、移風俗”，⑱其實繼承了孔子的
詩教觀點，只不過爲了投合漢朝統治者的要求，總是找

些材料跟某些詩牽合，或者別出心裁，把一些詩說得有政治意義和倫理意義。

鄭玄著《詩譜》二卷（分錄於《毛詩正義》各卷之首），完全承襲《詩序》的"《風》、《雅》正變"和"美"、"刺"之說，並且作了進一步的發揮。除了列舉各詩先後的世次，也指出各詩的某些作者，甚至作詩的緣由等等。序《詩》按照時代次序，論《詩》注重"美"、"刺"，這兩大特點對於《詩經》的具有"經"的性質，是起過不可估量的作用的。

在鄭學盛行之後數十年內，曾發生了反鄭學運動。這個運動的發起者是王肅（195—256）。《四庫全書總目·詩類·毛詩正義提要》說：

魏王肅作《毛詩註》、《毛詩義駁》、《毛詩奏事》、《毛詩問難》諸書，以申毛難鄭……晉孫毓《毛詩異同評》，復申王說。陳統作《難孫氏毛詩評》，又明鄭義。

祖分左右，垂數百年。至唐貞觀十六年，命
孔穎達等因《鄭箋》爲“正義”，乃論歸一
定，無復歧途。《毛傳》二十九卷，《隋
志》附以《鄭箋》，作二十卷，疑爲康成所
併，穎達等以疏文繁重，又析爲四十卷。其
書以劉焯《毛詩義疏》、劉炫《毛詩述義》
爲稿本，故能融貫群言，包羅古義，終唐之
世，人無異詞。⑱

按王肅父朗（？—228）師楊賜（？—185），楊氏世
傳今文歐陽《尚書》。王肅又好賈逵（30—101）、馬
融（79—166）的古文學，因此他的經術和鄭氏一樣，
也是博學古今文的。他反對鄭學，全出於個人好惡，或
以今文說駁鄭的古文說，或以古文說駁鄭的今文說。其
後肅學雖能藉外孫據爲帝王的權威（肅女適司馬昭
〔211—265〕，晉武帝炎〔236—290，265—290在
位〕是他的外孫），如他的《尚書》、《詩》、《論
語》、《三禮》、《左氏解》和父親朗的《易傳》都立

於學官，使鄭學受到打擊，⑱然而，所謂反鄭學運動，只不過是東漢末今古文學合併以來經生們內部一場小小的風波，根本動搖不了毛、鄭在《詩經》上的地位。正如前述，自唐高宗永徽四年頒孔穎達《毛詩正義》於天下，每年明經取士皆依此考試，唐代以還的學者都不敢輕議毛、鄭的得失，對於《毛詩序》也是照樣跟從了。

但是，由宋仁宗慶曆年間開始，棄舊立新的精神漸漸形成了一種時尚。特別到了南宋諸儒，如鄭樵、王質、朱熹等爲了表示與漢人經說不同，提出激烈的言論，主張廢除《毛詩序》。

自從鄭樵的《詩辨妄》面世以後，周孚（？—1174左右）即作《非鄭樵詩辨妄》二卷，羅列四十二事攻擊鄭樵，⑱而王質的《詩總聞》當時又沒有很大影響，朱熹由於學術地位高，據鄭樵說而易稿的《詩集傳》便得以獨領風騷，儼然成爲“攻序派”的巨擘了。同時期的呂祖謙（1137—1181）、陳傅良（1137—1203）、葉適（1150—1223）等人，在另一邊豎立起保護舊說的旗幟，⑱雙方壁壘分明，都希望能夠把對方

壓倒。直到南宋末年，朱熹一派才漸漸戰勝了對方。稍
後以迄元明，學者的《詩經》著作，不外是《詩集傳》
的箋、疏。⑲元仁宗延祐（1314—1320）時舉行科舉
考試，按照皇慶二年（1312）詔令，"《詩》以朱氏
爲主"，⑲講學的人多不遵用毛、鄭舊說。明胡廣等人
奉敕撰《詩經大全》，剽竊朱熹元代信徒劉瑾《詩傳通
釋》成書，而且定爲令典，命學者一律跟隨，⑲結果朱
熹的《詩集傳》，地位變得更形鞏固，而漢學也宣告滅
亡了。

　　朱熹原是個"從序派"，晚年改從鄭樵之說，是由
跟老朋友呂祖謙論學引起的。朱熹爲呂祖謙死後出版的
《呂氏家塾讀詩記》寫序時說：

　　　　雖然此書所謂"朱氏"者，實熹少時
　　淺陋之說，而伯恭父誤有取焉。其後歷時
　　既久，自知其說有所未安，如雅鄭邪正之
　　云者，或不免有所更定，則伯恭父反不能
　　不置疑於其間。熹竊惑之，方將相與反復

其説，以求眞是之歸，而伯恭父已下世
矣。嗚呼，伯恭父已矣，若熹之衰頹汨
沒，其勢又安能復有所進，以獨決此論之
是非乎？⑱

這交代了朱熹與呂祖謙的交往始末。他們爭論不休的焦
點，是《毛詩序》的存廢問題。比較保守的呂祖謙、陳
傅良、葉適等人，以保護舊說爲己任，特別是呂祖謙的
態度，對舊說更是百般維護，所作《讀詩記》一書，盡
量搜羅前人護《序》的說法。朱熹批評他說：

呂伯恭專信《序》文，不免牽合，又
云伯恭凡百長厚，不肯非毀前輩，須要出
脫回護到了不知道，只爲得個解經人，卻
不曾爲聖人本意。是便道是，不是便道不
是方得。⑲

至於朱熹，他決定把《詩集傳》易稿，跟鄭樵一樣主張
廢《序》：

> 舊曾有一老儒鄭漁仲，興化人，更不
> 信《小序》，只依古本與疊在後面。某今
> 亦只如此。令人虛心看正文，久之其義自
> 見。蓋所謂《序》者，頗多世儒之談，不
> 解詩人本意處甚多。⑲

又因爲蘇轍留了《小序》上一句（蘇轍以爲《詩序》僅
首句可信，故提出保留），便是“病根”，⑲於是把
大、小《序》割出，別爲一編，而且還寫了《詩序辨
說》，附在《詩集傳》八卷後面。⑲

　　朱熹攻擊《毛詩序》的言論，異常激烈，從他的孫
兒朱鑑（1190—1258）輯錄他生平片言隻語看來，約
有四十九條之多。在他心中，《詩序》多出於後人臆
度，有了《詩序》，詩人的意思更加糊塗而不可解。據
他推測，《詩序》的作者是山東學究、後世陋儒，見識

卑陋而胡說。他又同意鄭樵痛罵《詩序》作者為村野妄人，把《詩序》視作洪水猛獸。⑱不過，朱熹所謂攻擊《詩序》，只是口頭上攻擊罷了，見諸書面又是另外一回事。把他的《詩集傳》仔細翻閱一遍，就可以發覺朱熹根本沒有完全跟從鄭樵去攻擊《詩序》，即使舊稿仍有刪改未盡之處，也不是首首攻《序》的。⑲以前學者一提到朱熹的《詩集傳》，就聯想到它是攻《序》的代表作，似有以耳代目之失。

朱熹與《毛詩序》不同之處，主要在"淫詩"的問題上。由於《史記·孔子世家》記載了孔子的一句話："吾自衛反魯，然後樂正，《雅》、《頌》各得其所"，⑳司馬遷（約前145—？）也說："古者詩三千餘篇，及至孔子，去其重，取可施於禮義，上采契后稷，中述殷周之盛，至幽厲之缺，始於衽席……三百五篇孔子皆弦歌之，以求合《韶》《武》《雅》《頌》之音"，㉑漢代以來的經師，甚至是宋代的一些學者，都說孔子整理音樂的時候，因為詩歌要合樂的關係，把古詩三千餘篇刪削成三百五篇。㉒又根據《論語》孔子所

謂"《詩》三百,一言以蔽之曰:'思無邪'",⑳認
爲《詩》三百五篇經聖人手澤以後,全都是雅正的詩
歌,即鄭、衛二《風》,也可與《雅》、《頌》相配。
間有涉及穢亂,也因爲詩人用無邪之思來鋪陳淫邪之
事,所以聖人選錄他們的詩歌,是爲了宣揚教化,利用
這些詩歌作爲諷勸的反面教材。⑳這個拘執於道德諷
勸、以《詩》說教的觀點,當然在《毛詩序》裏發揮得
最透徹,卻又似乎把詩人的原始戀歌改變成諷刺淫奔的
作品了。朱熹很不滿意如此看詩,於是自拔於陳說,不
以戀歌爲諱,提出"淫詩"之說。他是這樣解釋孔子
"思無邪"一語的:"今必曰彼以無邪之思鋪陳淫亂之
事而閔惜懲創之意自見於言外,則曷曰彼雖以有邪之思
作之,而我以無邪之思讀之,則彼之自狀其醜者,乃所
以爲吾驚懼懲創之資邪?"⑳他完全推翻《毛詩序》
"美刺說"的背景和基礎。舊說認爲"思無邪"指詩歌
本身或它的作者來說,他卻以爲是說詩本身或它的作者
有邪、正,讀《詩》的人就應存着無邪之念,不要給淫
詩影響。朱熹在《論語》找到一個佐證,因爲孔子說

過：“鄭聲淫”，㉖“聲”他看作是詩，所以孔子也承
認《詩經》裏有“淫詩”了。㉗

　　朱熹提出的“淫詩”之說，恢復了戀歌在《詩》的
地位。他以爲《詩經》中的《風》詩，“多出里巷歌謠
之作，所謂男女相與詠歌，各言其情者也”，㉘公開承
認《詩》中有民間愛情詩的存在。相對於漢人的“美刺
說”，“淫詩說”無疑更接近於詩的實際內容，原可進
一步把作爲政治道德教科書的《詩經》（至少《國風》
部分），解釋爲純粹的文學作品。可是，朱熹卻又擺出
一副岸然道貌，對情詩表示深痛惡絕。他是理學家，而
理學家是絕對強調“道”的，而所謂“道”，即“天
理”，“天理”據說跟“人欲”對立，張“天理”就得
滅“人欲”，扼殺了人性正常而合理的表現，當然也就
否定愛情的健康抒發。這就是爲什麼朱熹必要把原始戀
歌打成“淫詩”的根本理由。㉙

　　漢儒說《詩》，把“三百篇”拘限於政教的美刺之
中，但朱熹拋掉不了道學的包袱，始終沒有從教化範圍
跳出來。因此，跟漢人比較，朱熹同樣是以《詩》說

教，他攻擊《毛詩序》說教，不外是五十步笑百步而
已。看朱熹的《詩》說，其實仍局束於經學桎梏之內，
以倫理綱常爲中心，折回老路踏步。宋代新儒學流行，
講究性理、強調正心修身、提倡封建禮教的理學家既要
借助經書建立和完善自己的思想體系，又用自己的觀點
重新解釋經書，闡述並傳授自己的思想體系。⑳

　　將朱熹跟王質對比，誰真正推倒《毛詩序》，把
《詩》從"五經"的寶座拉下來，以文學的眼光看"三
百篇"，又是不言而喻的。可以這樣說：真正推倒《毛
詩序》的，在南宋是鄭樵和王質；鄭樵的著作不傳，沒
法討論，王質《詩總聞》的歷史地位就愈加重要。也可
以這樣說：王質的《詩》說，雖然是非傳統的、在主流
以外的，而且素爲人忽視，其實對二千多年的《詩經》
研究，起着十分重要的推導作用。到了今天，從學術研
究立場看，如果說要還給《詩總聞》一個較公允的評
價，那是最明白不過的。

注釋

①參李家樹：〈社會變遷與歷代＂詩經＂研究〉，《中
國文化研究所學報》，新第2期（1993），頁111—
29。

②《四庫全書總目‧詩類‧詩總聞提要》（臺北：藝文
印書館，1962年），卷15，第1冊，頁338。

③刊於《國學門周刊》，1卷5期（1925年11月11
日），後於1930年由北平景山書社出版。

④《聯合書院學報》，第7期（1969），頁149—58。

⑤《成功大學學報》，卷16（1981年6月），頁1—
29。

⑥《新亞書院學術年刊》，第9期（1967年9月），頁1
—22。

⑦ "臺灣政治大學中文研究所碩士論文"，1972。

⑧香港中文大學聯合書院《文史叢刊》之4，1974。

⑨《中國學術年刊》，卷2（1978年6月），頁43—
62。

⑩《江西師範學院南昌分院學報》，1983年第2期，頁
14—28。

⑪《中國古典文學論叢》，第2輯（1985年8月），頁
140—55。

⑫《徐州師範學院學報（哲社版）》，1990年第4期，
頁80—84。

⑬《東岳論叢（濟南）》，1990年第3期，頁96—99。

⑭香港：學津書店，1979。

⑮《東方文化》，17期1、2期合訂（1979），頁118—33。

⑯原刊於《抖擻》，第41期（1980年11月），後改寫，以〈宋代"淫詩公案"述評〉為題，刊李家樹：《詩經的歷史公案》（臺北：大安出版社，1990），頁83—112。

⑰《詩經研究》，第7號（1982年9月），頁1—3。

⑱臺北：臺灣商務印書館，1988。

⑲頁294。

⑳參《詩論》，《學海類編》（臺北：文源書局，1964），第1冊，頁215—28。

㉑同②。

㉒此文作於一九九三年新加坡國立大學客座期間，後刊
　李家樹：《傳統以外的詩經學》（香港：香港大學
　出版社，1994），頁9—26。

㉓鄭樵所撰《詩辨妄》六卷，已佚。其《通志略》卷17
　〈藝文略〉引〈自序〉說：“《齊詩》亡於魏，
　《魯詩》亡於西晉，隋、唐之世猶有《韓詩》可
　據。迨五代之後，《韓詩》亦亡。致令讀者只憑毛
　氏，且以《序》為子夏所作，更不敢擬議。蓋事無
　兩造之辭，則獄有偏聽之惑。臣為作《詩辨妄》六
　卷，可以見其得失。”（臺北：臺灣商務印書館，
　1968，第4冊，頁116。）元馬端臨（1254—1323）
　《文獻通考》卷179〈經籍考〉也載鄭氏〈自序〉，
　文詞大致相若（上海：商務印書館，1935，第2冊，
　頁1547）。鄭樵另著《詩傳》二十卷，也久已不
　傳。《文獻通考》卷179著錄《夾漈詩辯妄》（“辯
　妄”為“辨妄”之誤）共二十六卷（第2冊，頁
　1547）；宋陳振孫《直齋書錄解題》卷2有《浹漈詩
　傳》二十卷及《詩辨妄》六卷之著錄（上海：上海

古籍出版社，1987，頁40），即《宋史》卷202〈藝
文志〉著錄的鄭樵《詩傳》二十卷及《辨妄》六卷
（百衲本《二十四史》〔臺北：臺灣商務印書館，
1967〕，第27冊，頁21343），則《文獻通考》明合
二書為一。

㉔參㉒

㉕此文曾在由香港浸會大學中文系於一九九四年十二月
八日至十日主辦的"宋代文學國際研討會"上宣
讀，後刊《人文中國學報》，第2期（1996年1
月），頁127—46。

㉖參《宋史》卷395，百衲本《二十四史》，第29冊，
頁23769；明柯維騏（1496—1574）：《宋史新編》
（上海：大光書局，1935），頁583。

㉗同㉖，頁23370。

㉘《雪山集》（北京：中華書局據《叢書集成初編》影
印，1985），第1冊，頁1。

㉙《舊唐書》卷4〈高宗本紀上〉，百衲本《二十四
史》，第19冊，頁12478。

㉚只有個別的人對《毛詩序》提過異議，如韓愈（763
—824）說《毛詩序》非子夏作，而是"漢之學者"
所作（宋范處義《詩補傳·明序篇》引，《通志堂
經解》〔臺北：大通書局，1969〕，第17冊，頁
10063）；成伯璵《毛詩指說》以為"子夏惟裁初句
耳，至'也'字而止。'〈葛覃〉，后妃之本
也'，'〈鴻雁〉，美宣王也'，如此之類是也。
其下皆是大毛公自以詩中之意而繫其辭也。詩人見
《序》下有注，又云東海衛宏所作，事雖兩存，未
為允當"（《通志堂經解》，第16冊，頁9106）。

㉛皮錫瑞《詩經歷史》卷8〈經學變古時代〉說得清
楚："經學自唐以至宋初，已陵夷衰微矣。然篤守
古義，無取新奇；各承師傳，不憑胸臆；猶漢、唐
注疏之遺也……乃不久而風氣遂變。《困學紀聞》
云：'自漢儒至慶曆間，談經者守訓故而不鑿。
《七經小傳》出而稍尚新奇矣。至《三經義》行，

視漢儒之學若土梗。' 據王應麟說，是經學自漢至宋初未嘗大變，至慶曆始一變也。"（香港：中華書局，1973，頁220。）又宋神宗熙寧八年（1075），王安石（1021—1086）《詩義》、《書義》、《周官義》修成進御，《三經義》就代替《五經正義》的官書地位而頒行天下，成為士子必修的經典。其實，"王安石訓釋《三經義》的目的，就是為他的變法革新服務，就是要使他推行的新法在聖經賢傳的合法外衣下能夠 '塞異議者之口' ……"（邱漢生：《詩義鉤沉·序》，《詩義鉤沉》〔北京：中華書局，1982〕，頁3〕）；何況，"王安石完全尊信《詩序》，沒有根據《詩》內容的實際，有分析有批判地來論述《詩序》，在論述《詩序》的基礎上客觀地訓釋《詩》本身。所以王安石往往就《詩序》論詩，以序圍詩，以詩殉序，不免形成某些 '鑿說' ，貽譏後世"（同上，頁10）。《詩義》因王安石的政治地位曾經是士子必讀之書，南宋學者迭有徵引，可是，從 "詩經學" 的角度看，沒有提出過什麼重要的新見，而大

概到明朝後期，王安石的著作就全部遺佚了。邱漢
生的《詩義鈎沉》是從別的書裏輯錄後編集起來
的，是王安石《詩義》的輯本，可參。

㉜周予同（1898—1981）認為在消極方面是漢代訓詁
學的反動，他在《朱熹》第1章〈引言〉說："漢武
以降，如今文、古文之爭論，如鄭玄、王肅之誹
詆，如南學、北學之分歧，如孔穎達、賈公彥之義
疏，雖繁簡華實，迥然各異；然其埋頭於文字典章
之解釋與爭辨，則絕無二致。當時竟有'寧道孔孟
誤，諱言鄭服非'之諺，則訓詁學末流之弊昭然若
揭。至宋代，承隋唐義疏派之後，學者研究之封域
愈隘；欲自逞才識，於勢不能不別求途徑。故宋代
學者，傑傲者有'六經皆我註腳'之語，而中庸者
亦不憚以臆見解經而出於刪改。宋代經學之衰落在
此，宋代哲學之勃興亦在此。總之，訓詁學之反
動，實宋學產生之消極的有力的因素也。"（上
海：商務印書館，1931，頁3—4。）

㉝ 參顧頡剛、王煦華：《崔東壁遺書・序》，《崔東壁遺書》（上海：上海古籍出版社，1983），頁40。有關宋人疑經的內容，可參屈萬里（1906—1979）：〈宋人疑經的風氣〉，《大陸雜誌》，29卷3期（1964年8月15日），頁23—25。

㉞ 《四庫全書總目・詩類・毛詩本義提要》，卷15，第1冊，頁335。

㉟ 《四庫全書總目・詩類・詩集傳提要》，卷15，第1冊，頁336。

㊱ 臺北：臺灣商務印書館據故宮博物院所藏文淵閣本影印《四庫全書珍本》2集，1971，第1冊，頁1b。

㊲ 朱鑑：《詩傳遺說》卷2引葉賀孫錄朱熹自言："《詩序》實不足信，向見鄭漁仲有《詩辨妄》，力詆《詩序》，其間言語雖太甚，以為皆是村野妄人所作。始者亦疑之，後來仔細看一兩篇，因質之《史記》、《國語》，然後知《詩序》之果不可信。"（《通志堂經解》，第17冊，頁9992。）

㊳同②。

㊴《詩總聞‧原序》，《景印文淵閣四庫全書》（臺
　　北：臺灣商務印書館，1983—88），第72冊，頁
　　434。

㊵參《四庫全書總目‧詩類‧詩集傳提要》，卷15，第
　　1冊，頁338—39。

㊶同㊴。

㊷〈詩總聞提要〉，《景印文淵閣四庫全書》，第72
　　冊，頁434。

㊸同②。

㊹《詩總聞‧識後》，《經苑》（臺北：大通書局據清
　　同治七年〔1868〕《新鐫經苑》本印行，1970），
　　第3冊，頁1002。

㊺同㊹。

㊻"聚珍本"較易得者有：1923年沔陽盧氏慎始基齋據武英殿聚珍本影印之《湖北先正遺書》第13—17冊；1935—37年上海商務印書館印行之《叢書集成初編》第10848—51冊；1983—88年臺北臺灣商務印書館影印之《文淵閣四庫全書》第72冊。"經苑本"有：1868年印行道光咸豐間大梁書院刊、王儒行等印之《新鎸經苑》第27—32冊；1967年臺北藝文印書館據清道光錢氏校刊本影印之《經苑》第16—21冊；1970年臺北大通書局據清同治七年（1868）《新鎸經苑》本印行之《經苑》第3冊。

㊼同②。

㊽陳振孫：《直齋書錄解題》，卷2，頁40。

㊾《詩總聞‧原例》，《景印文淵閣四庫全書》，第72冊，頁435。

㊿同㊾。

㉛同㊾。

(52)同(49)。

(53)同(49)。

(54)同(49)。

(55)同(49)。

(56)頁40。

(57)見《毛詩正義》（香港：中華書局，1964），卷4之1，第2冊，頁362。

(58)同(57)，頁363。

(59)同(57)，頁363。

(60)《詩總聞》卷4，《經苑》，第3冊，頁1044。

(61)同(60)，頁1043。

(62)同(60)，頁1043。

(63)見《毛詩正義》卷1之5，第1冊，頁154。

(64)卷1，第3冊，頁1015。

(65)見《毛詩正義》卷4之1，第2冊，頁362。

(66)卷4，《經苑》，第3冊，頁1043。

(67)見《毛詩正義》卷4之4，第2冊，頁434。

(68)卷4，《經苑》，第3冊，頁1053。

(69)見《毛詩正義》卷2之2，第1冊，頁224。

(70)同(69)。

(71)同(69)。

(72)見《毛詩正義》卷2之2，第1冊，頁225。

(73)同(72)，頁227。

(74)卷2，《經苑》，第3冊，頁1026。

(75)見《毛詩正義》卷2之3，第1冊，頁258。

(76)同(75)。

⑦卷2，《經苑》，第3冊，頁1029。

⑱見《毛詩正義》卷3之1，第1冊，頁265。

⑲見《毛詩正義》卷3之3，第1冊，頁343。

⑳卷3，《經苑》，第3冊，頁1031。

㉑卷3，《經苑》，第3冊，頁1042。

㉒見《毛詩正義》卷2之3，第1冊，頁256。

㉓卷2，《經苑》，第3冊，頁1029。

㉔見《毛詩正義》卷4之3，第2冊，頁412—13。

㉕卷4，《經苑》，第3冊，頁1050。

㉖《詩總聞》卷6，《經苑》，第3冊，頁1068。

㉗《詩總聞》卷7，《經苑》，第3冊，頁1079。

㉘見《毛詩正義》卷4之4，第2冊，頁429。

㉙卷4，《經苑》，第3冊，頁1052。

⑩見《毛詩正義》卷5之1，第2冊，頁458。

⑪卷5，《經苑》，第3冊，頁1057。

⑫見《毛詩正義》卷11之2，第3冊，頁931。

⑬同⑫。

⑭卷11，《經苑》，第3冊，頁1120。

⑮見《毛詩正義》卷13之1，第4冊，頁1051。

⑯卷13，《經苑》，第3冊，頁1141。

⑰見《毛詩正義》卷14之2，第4冊，頁1169。

⑱卷14，《經苑》，第3冊，頁1156。

⑲見《毛詩正義》卷15之2，第4冊，頁1233。

⑩卷15，《經苑》，第3冊，頁1163。

⑩也有愛情詩隨意解釋為"士大夫"或"君子"之辭。
　如解釋《陳風·宛丘》第1章說："我于君'信有

情’者，望其為良也；‘終無望’者，度其不能如
願也。此士大夫之辭”（同⑧）；解釋《陳風・東
門之池》說：“言隨分可以取足也”，“此安分君
子之辭”（卷7，《經苑》，第3冊，頁1080）；尤
其穿鑿的是解釋《陳風・月出》，以為其中的
“舒”字是指徵舒，“佼人”是指夏姬（卷7，《經
苑》，第3冊，頁1082）；解釋《陳風・澤陂》，說
其中的“有美一人”是指洩冶，“蒲”、“蓮”等
物是指孔寧、儀行父（卷7，《經苑》，第3冊，頁
1083）。此外，如說《唐風・采苓》是寫晉驪姬讒
太子申生事（卷6，《經苑》，第3冊，頁1072）；
《秦風・蒹葭》的“所謂伊人”，是指百里奚、蹇
叔一流人（卷6，《經苑》，第3冊，頁1075），又
回到《毛詩序》的老路去了，但此類例子僅佔少
數。

⑩②《詩總聞》卷1，《經苑》，第3冊，頁1008。

⑩③《周南・兔罝》，《詩總聞》卷1，《經苑》，第3
冊，頁1010。

⑭《邶風‧綠衣》，《詩總聞》卷2，《經苑》，第3
　冊，頁1020。

⑮《鄘風‧牆有茨》，《詩總聞》卷3，《經苑》，第3
　冊，1031。

⑯《鄭風‧東門之墠》，《詩總聞》卷4，《經苑》，
　第3冊，1052。

⑰《秦風‧黃鳥》，《詩總聞》卷6，《經苑》，第3
　冊，1076。

⑱見《毛詩正義》卷1之3，第1冊，頁95。

⑲同⑬。

⑩見《毛詩正義》卷4之4，第2冊，頁431。

⑪同⑯。

⑫同⑯。

⑬見《毛詩正義》卷1之5，第1冊，頁159。

⑭卷1，《經苑》，第3冊，頁1016。

⑮見《毛詩正義》卷4之4，第2冊，頁443。

⑯卷4，《經苑》，第3冊，頁1054。

⑰《邶風・谷風》，《詩總聞》卷2，《經苑》，第3
　冊，1025。

⑱《鄘風・蝃蝀》，《詩總聞》卷3，《經苑》，第3
　冊，1034。

⑲《王風・中谷有蓷》，《詩總聞》卷4，《經苑》，
　第3冊，1045。

⑳《召南・野有死麕》，同⑭。

㉑《邶風・泉水》，《詩總聞》卷2，《經苑》，第3
　冊，1027。

㉒同㉑。以人情論《詩》，似由歐陽修《毛詩本義》開
　始。如卷1論〈關雎〉、〈螽斯〉時說："此豈近人
　情"、"此尤不近人情"，等等（《通志堂經

解》，第16冊，頁9111、9113）；雖亦嘗試循文追尋詩的本義，但所論仍多從舊說，更沒有着眼於探討詩歌的文學特性。王質也許受過歐陽修的影響，往後走的卻是不同的方向。

(123)同(119)。

(124)《詩總聞》卷4，《經苑》，第3冊，頁1045—46。

(125)同(104)。

(126)《詩總聞》卷4，《經苑》，第3冊，頁1047。

(127)《詩總聞》卷4，《經苑》，第3冊，頁1049。

(128)《詩總聞》卷1，《經苑》，第3冊，頁1014。

(129)《詩總聞》卷1，《經苑》，第3冊，頁1009。

(130)《詩總聞》卷4，《經苑》，第3冊，頁1043。

(131)《詩總聞》卷1，《經苑》，第3冊，頁1012—13。

(132)《詩總聞》卷1，《經苑》，第3冊，頁1015。

⑬《詩總聞》卷4，《經苑》，第3冊，頁1053。

⑭《詩總聞》卷6，《經苑》，第3冊，頁1077。

⑮《詩總聞》卷9，《經苑》，第3冊，頁1099。

⑯《詩總聞》卷11，《經苑》，第3冊，頁1119—20。

⑰《詩總聞》卷12，《經苑》，第3冊，頁1128。

⑱《詩總聞》卷12，《經苑》，第3冊，頁1135。

⑲《詩總聞》卷17，《經苑》，第3冊，頁1188—89。

⑭⓪《詩總聞》卷17，《經苑》，第3冊，頁1190。

⑭①《詩總聞》卷3，《經苑》，第3冊，頁1041。

⑭②同⑱。

⑭③《詩總聞》卷6，《經苑》，第3冊，頁1067。

⑭④《詩總聞》卷6，《經苑》，第3冊，頁1069。

⑭⑤《詩總聞》卷4，《經苑》，第3冊，頁1053—54。

⑭《詩總聞》卷6，《經苑》，第3冊，頁1058。

⑭見《毛詩正義》卷1之3，第3冊，頁99。

⑭《詩總聞》卷1，《經苑》，第3冊，頁1010。

⑭見《毛詩正義》卷4之1，第2冊，頁364。

⑮《詩總聞》卷4，《經苑》，第3冊，頁1044。

⑮見《毛詩正義》卷4之3，第2冊，頁409。

⑮《詩總聞》卷4，《經苑》，第3冊，頁1050。

⑮見《毛詩正義》卷4之3，第2冊，頁415。

⑮《詩總聞》卷4，《經苑》，第3冊，頁1051。

⑮參周予同：《經今古文學》（臺北：臺灣商務印書
　　館，1967），第2章〈經今古文異同示例〉，頁5—
　　13。

⑮《漢書》卷88，百衲本《二十四史》，第3冊，頁
　　2332。

⑮《漢書》卷6〈武帝紀〉，百衲本《二十四史》，第2
冊，頁1297。

⑱《漢書》卷30，百納本《二十四史》，第2冊，頁
1686。

⑲頁90。

⑯《漢書》卷88，百納本《二十四史》，第3冊，頁
2328。

⑯輯錄"三家詩"說的，以清陳喬樅（1809—1869）
《三家詩遺說考》及王先謙（1842—1917）《三家
詩義集疏》最詳備，可參。

⑯《後漢書》卷35〈鄭玄傳〉說："遂造太學受業，師
事京兆第五元先。始通京氏《易》、《公羊春
秋》、《三統曆》、《九章算術》。又從東郡張恭
祖受《周官》、《禮記》、《左氏春秋》、《韓
詩》、《古文尚書》。以山東無足問者，乃西入
關，因涿郡盧植事扶風馬融。"（百納本《二十四

史》，第4冊，頁3112。）則鄭氏擇師，已含博學飫
聞之意，不拘拘於家法了。又據本傳，“凡玄所注
《周易》、《尚書》、《毛詩》、《儀禮》、《禮
記》、《論語》、《孝經》、《尚書大傳》、《中
侯》、《乾象歷》，又注《天文七政論》、《魯禮
禘祫義》、《六藝論》、《毛詩譜》、《駁許慎五
經異義》、《答臨孝存周禮難》，凡百餘萬言。”
（百納本《二十四史》，第4冊，頁3115。）可見他
學成之後，遍注群經，其著作種類之多，在兩漢首
屈一指，而其著作內容，都兼采今古文。

⑯清陳奐（1786—1863）《鄭氏箋考徵》說：“鄭康
成習《韓詩》，兼通《齊》、《魯》，最後治《毛
詩》。箋《詩》乃在注《禮》之後，以《禮》注
《詩》，非墨守一氏。《箋》中有用三家申毛者，
有用三家改毛者，例不外此二端。”（《皇清經解
續編》〔臺北：藝文印書館，1965〕，第13冊，頁
9454。）

⑯《經學歷史》卷5〈經學中衰時代〉說："學者苦其時家法繁雜,見鄭君閎通博大,無所不包,眾論翕然歸之,不復舍此趨彼。"（頁149。）

⑯鄭樵《通志略》卷17〈藝文略〉說："《毛詩》自鄭氏既箋之後,而學者篤信鄭玄,故此詩專行,三家遂廢。"（第4冊,頁116。）

⑯參《隋書》卷32〈經籍志〉,百納本《二十四史》,第15冊,頁11585。

⑯參《新唐書》卷57,百納本《二十四史》,第21冊,頁16191。

⑯參《漢書》卷30,百納本《二十四史》,第2冊,頁1685。

⑯參《經義述聞》卷7〈"詩經"二九卷〉條,《皇清經解》（臺北:復興書局,1960）,第17冊,頁12704。

⑰同⑯,頁2329。

⑰第1冊，頁34。

⑰《叢書集成初編》（上海：商務印書館，1935—
37），第1346冊，頁70—71。

⑰宋程頤（1032—1085）以為《小序》是國史的舊
文，〈大序〉則為孔子所作，而王得臣（1036—
1115以後）以為《詩序》首句是孔子所題。（張心
澂《偽書通考》引程氏說：“《詩》前《序》必是
當時人所傳，國史明乎得失之迹者是也。不得此，
則何緣知得此篇是什意思？〈大序〉則是仲尼所
作，其餘則未必然。”〔臺北：宏業書局，1970，
頁226。〕清朱彝尊（1629—1701）《經義考》卷99
引王氏說：“《詩序》非出於子夏……蓋出於孔
子，非門弟子所能與也。若‘〈關雎〉，后妃之德
也’、‘〈葛覃〉，后妃之本也’，此一句孔子所
題，其下乃毛公發明之。”〔臺北：臺灣中華書局
據毛氏刻本校刊，1970，第3冊，頁3a。〕）至於子
夏作《序》一說，贊成的有鄭氏《詩譜》及王肅
《家語》。（唐陸德明〔556—627〕《經典釋文》

卷5〈毛詩音義上〉引沈重〔500—583〕說："案鄭
《詩譜》意,〈大序〉是子夏作,《小序》是子
夏、毛公合作,卜商意有不盡,毛更促成之。"
〔《通志堂經解》,第40冊,頁22587。〕《偽書通
考》引王氏說:"子夏序《詩》義,今之《毛詩》
是。"〔頁224。〕)

⑭參清崔述(1740—1816):《讀風偶識》卷1〈通論
"詩序"〉,《崔東壁遺書》,頁525。

⑮《後漢書》卷79,百納本《二十四史》,第5冊,頁
3748。

⑯程大昌《考古編‧詩論》說:"宏之學出於謝曼卿,
曼卿之學出於毛公,故凡宏序文大抵祖述《毛詩》
以發意指。今其書具在,可覆視也。若使宏序先毛
而有,則《序》文之下,毛公亦應時有訓釋。今惟
鄭氏有之,而毛無一語,故知宏序必出毛後也。鄭
氏之於《毛傳》,率別立箋語以與之別,而釋

《序》則否，知純為鄭語，不竢表別也。”（《學
海類編》，第1冊，頁222。）

⑰清范家相《詩瀋》卷2〈衛宏〉條說：“《毛序》行
於新莽之世，去敬仲已百數十年，立之學官，流傳
天下久矣。敬仲以一人之私見，起而更益之，其誰
肯信？且漢時最重師傳……宏烏能明目張膽以作偽
哉？況毛公本古序以作《傳》，使宏偽《序》，寧
不與《傳》相左……康成與宏略相先後，豈有不
知，而以宏之言為子夏之言者？其理甚明。予謂宏
與賈徽同受學於曼卿之門，使宏作偽，徽等豈肯聽
之？”（臺北：臺灣商務印書館據故宮博物院藏文
淵閣本影印《四庫全書珍本》4集，1973，頁7—
8。）

⑱明章如愚《山堂考索》：“持辭引援，往往雜出於傳
記之文，而謂一人為之可乎？”（《偽書通考》
引，頁242。）

⑰宋李樗、黃櫄《毛詩李黃集解》卷1引韓愈《詩之序議》說：“察乎《詩序》，其漢之學者欲顯立其傳，因藉之子夏，故其序大國詳、小國略，斯可見矣。”（《通志堂經解》，第16冊，頁9231。）

⑱參黃節（1873—1935）：《詩序非衛宏所作說》（北平：昌發印國立清華大學講義，1930），頁1—16。

⑱《毛詩正義》卷1之1引，第1冊，頁43—51。

⑱同⑱，頁40。

⑱第1冊，頁46—47。

⑱參劉持生：〈“風”、“雅”、“頌”分類的時代意義〉，北京人民文學出版社編：《詩經研究論文集》（北京：北京人民文學出版社，1959），頁248—59。

⑱同⑱，頁42。

⑱卷15，第1冊，頁332。

⑱參⑯，頁155—60。

⑱周孚撰《非詩辨妄》二卷，收在《蠹齋鉛刀編》之
末，見《四庫全書總目・別集類》著錄。參〈非詩
辨妄提要〉，卷159，第4冊，頁3166。

⑱《四庫全書總目・詩類》著錄呂祖謙撰《呂氏家塾讀
詩記》三十二卷，〈提要〉說：“朱子與祖謙交最
契，其初論《詩》亦最合，此書中所謂‘朱氏’
者，即采朱子說也。後朱子改從鄭樵之論，自變前
說，而祖謙仍堅守毛、鄭……”（卷15，第1冊，頁
341。）《四庫全書總目・別集類》著錄陳傅良撰
《止齋文集》五十一卷，〈提要〉說：“葉紹翁
《四朝聞見錄》稱考亭先生晚注《毛詩》，盡去
《序》文，以彤管為淫奔之具，以城闕為偷期之所
（此指《邶風・靜女》“靜女其孌，貽我彤管”及
《鄭風・子衿》“挑兮達兮，在城闕兮”而言——
引者），止齋陳氏得其說病之，謂以千七百年女史

之彤管與三代之學校為淫奔之具、偷期之所，竊有
所未安。獨藏其說，不與考亭先生辨。考亭微知其
然，嘗移書求其《詩》說。止齋答以公近與陸子靜
互辨無極，又與陳同甫爭論王霸矣。且某未嘗注
《詩》，所以說《詩》者，不過與門人為舉子講
義，今皆毀棄之矣。蓋不欲滋朱子之辨也。"（卷
159，第4冊，頁3156—57。）《經義考》卷99引葉
適說："《詩序》隨文發明，或紀本事、或釋詩
意，皆在秦漢之前。雖深淺不能盡當，讀《詩》者
以時考之，惟是之從可也。若盡去本序，自為之
說，失詩意愈遠。"（第3冊，頁9。）

⑲⓪如輔廣《詩童子問》、許謙（1269—1337）《詩集
傳名物鈔》、劉瑾《詩傳通釋》、梁益《詩傳旁
通》、朱公遷《詩經疏義會通》、劉玉汝《詩纘
緒》、梁寅（1303—1389）《詩演義》、朱善
（1314—1385）《詩解頤》。

⑲①《元史·選舉志1》，卷81，百納本《二十四史》，
第35冊，頁27638。

⑲參《四庫全書總目‧詩類‧詩經大全提要》，卷16，
第1冊，頁351。

⑲上海：涵芬樓借常熟瞿氏鐵琴銅劍樓藏宋刊本影印，
第1冊，頁2a。

⑲《詩傳遺說》卷2引邵浩別錄，《通志堂經解》，第
17冊，頁9988。

⑲《詩傳遺說》卷2引余大雅所錄，《通志堂經解》，
第17冊，頁9991。

⑲同⑲。

⑲《詩傳遺說》卷2引〈題漳州所刊四經後〉，《通志
堂經解》，第17冊，頁9987—88。

⑲參《詩傳遺說》卷2，《通志堂經解》，第17冊，頁
9983—85。

⑲參李家樹：〈詩經國風毛序朱傳異同考〉。

⑳卷47，百納本《二十四史》，第1冊，頁674。

⑳同⑳。

⑳根據《偽書通考》羅列，同意這個說法的有：班固
（39—92）、《隋書‧經籍志》、陸德明、歐陽
修、王柏（1197—1274）、顧炎武（1613—
1682）、康有為（1858—1927）諸家（頁211—
23）。

⑳〈為政〉，《論語注疏》卷2，《十三經注疏》（臺
北：臺灣商務印書館，1981），第8冊，頁191。

⑳呂祖謙《呂氏家塾讀詩記》卷5說："曰：詩之體不
同，有直刺之者，〈新臺〉之類是也；有微諷之
者，〈君子偕老〉之類是也；有鋪陳其事，不加一
辭而意自見者，此類是也。或曰：後世狹邪之樂
府，冒之以此詩之序，豈不可乎？曰：仲尼謂
《詩》三百，一言以蔽之曰：思無邪。詩人以無邪
之思作之，學者亦以無邪之思觀之，閔惜懲創之意
隱然自見於言外矣。或曰：〈樂記〉所謂桑間濮上
之音，安知非即此篇乎？曰：《詩》，雅樂也，祭

祀朝聘之所用也。桑間濮上之音，鄭、衛之樂也，世俗之所用也。雅、鄭不同部，其來尚矣。戰國之際，魏文侯與子夏言古樂、新樂，齊宣王與孟子言古樂、今樂，蓋別而言之，雖今之世太常教坊，各有司局，初不相亂，況上而春秋之世，寧有編鄭、衛樂曲於雅音之理乎？〈桑中〉、〈溱洧〉諸篇作於周道之衰，其聲雖已降於煩促，而猶止於中聲，荀卿獨能知之；其辭雖近於諷一勸百，然猶止於禮義，〈大序〉獨能知之。仲尼錄之於經，所以謹世變之始也。"（第2冊，頁7b—9a。）這是呂氏講論《鄘風·桑中》時，從而發揮有關"思無邪"一語的意見，也代表了漢以來學者的看法。

⑳《詩傳遺說》卷2引〈文集讀呂氏詩記桑中篇〉，《通志堂經解》，第17冊，頁9986。

⑳〈衛靈公〉，《論語注疏》卷15，《十三經注疏》，第8冊，頁138。

⑳《詩集傳》卷4說：“鄭衛之樂，皆為淫聲。然以詩
　　考之，《衛詩》三十有九，而淫奔之詩才四之一，
　　《鄭詩》二十有一，而淫奔之詩已不翅七之五。
　　《衛》猶男悅女之詞，而《鄭》皆為女惑男之語；
　　衛人猶多刺譏懲創之意，而鄭人幾於蕩然無羞愧悔
　　悟之萌。是則鄭聲之淫，有甚於衛矣。”（香港：
　　中華書局，1961，頁56。）

⑳《詩集傳・序》，《詩集傳》，頁2。

⑳參石文英：〈宋代學風變古中的“詩經”研究〉，
　　《廈門大學學報（哲社版）》，1985年第4期，頁
　　116。

⑳參馮寶志：〈宋代詩經學概論〉，《古籍整理與研
　　究》，1986年第1期，頁130。

參考書及論文目錄

參考書

（清）王引之：《經義述聞》，《皇清經解》（臺北：復興書局，1960），第17冊。

（清）方玉潤：《詩經原始》（上海：泰通書局，1924）。

（宋）王安石著、邱漢生輯校：《詩義鉤沉》（北京：中華書局，1982）。

（清）王先謙著、吳格點校：《詩三家義集疏》（香港：中華書局，1987）。

（漢）毛亨傳、鄭玄箋、（唐）孔穎達疏：《毛詩注
　　疏》，《十三經注疏》（臺北：臺灣商務印書
　　館，1981），第2冊。

（清）毛奇齡：《“詩傳”“詩說”駁義》，《四庫全
　　書珍本》10集（臺北：臺灣商務印書館，
　　1980）。

（宋）王柏：《詩疑》，《通志堂經解》（臺北：大通
　　書局，1969），第17冊。

（宋）王質：《詩總聞》，《湖北先正遺書》（沔陽盧
　　氏慎始基齋據武英殿聚珍本影印，1923），第13
　　—17冊。

（宋）王質：《詩總聞》，《叢書集成初編》（上海：
　　商務印書館，1935—37），第10848—51冊。

（宋）王質：《詩總聞》，《景印文淵閣四庫全書》
　　（臺北：臺灣商務印書館，1983—88），第72
　　冊。

（宋）王質：《詩總聞》，道光咸豐間大梁書院刊、王儒行等印：《新鐫經苑》（同治七年〔1868〕本），第27—32冊。

（宋）王質：《詩總聞》，《經苑》（臺北：藝文印書館據清道光錢氏校刊本影印，1967），第16—21冊。

（宋）王質：《詩總聞》，《經苑》（臺北：大通書局據清同治七年〔1868〕《新鐫經苑》本印行，1970），第3冊。

（宋）王質：《雪山集》（北京：中華書局，1985）。

（唐）孔穎達：《毛詩正義》（香港：中華書局，1964）。

（漢）司馬遷：《史記》，百衲本《二十四史》（臺北：臺灣商務印書館，1972）。

（清）永瑢等：《四庫全書總目》（臺北：藝文印書館，1962）。

（清）皮錫瑞：《經學歷史》（香港：中華書局，
　　　1973）。

（元）朱公遷：《詩經疏義會通》，《四庫全書珍本》
　　　3集（臺北：臺灣商務印書館，1972）。

朱自清：《詩言志辨》（北京：北京古籍出版社，
　　　1956）。

（唐）成伯璵：《毛詩指說》，《通志堂經解》（臺
　　　北：大通書局，1969），第16冊。

（明）朱善：《毛詩解頤》，《通志堂經解》（臺北：
　　　大通書局，1969），第18冊。

（宋）朱熹：《詩集傳》（香港：中華書局，
　　　1961）。

（清）朱彝尊：《經義考》（臺北：臺灣中華書局，
　　　1970）。

（清）江瀚：《續修四庫全書提要》（臺北：臺灣商務
　　　印書館，1972）。

（宋）朱鑑：《詩傳遺說》，《通志堂經解》（臺北：大通書局，1969），第17冊。

（宋）呂祖謙：《呂氏家塾讀詩記》（上海：涵芬樓借常塾瞿氏鐵琴銅劍樓藏宋刊本影印）。

（魏）何晏注、（宋）邢昺疏：《論語注疏》，《十三經注疏》（臺北：臺灣商務印書館，1981），第8冊。

李家樹：《國風毛序朱傳異同考析》（香港：學津書店，1979）。

李家樹：《詩經的歷史公案》（臺北：大安出版社，1990）。

李家樹：《傳統以外的詩經學》（香港：香港大學出版社，1994）。

（明）何楷：《詩經世本古義》（光緒癸巳〔1893〕春上海鴻寶齋石印本）。

（晉）杜預注、（唐）孔穎達疏：《左傳注疏》，《十
　　三經注疏》（臺北：臺灣商務印書館，1981），
　　第6冊。

（宋）李樗、黃櫄：《毛詩李黃集解》，《通志堂經
　　解》（臺北：大通書局，1969），第16冊。

（明）宋濂等：《元史》，百衲本《二十四史》（臺
　　北：臺灣商務印書館，1967）。

（清）李黼平：《毛詩紬義》，《皇清經解》（臺北：
　　復興書局，1960），第19冊。

周予同：《朱熹》（上海：商務印書館，1931）。

周予同：《經今古文學》（臺北：臺灣商務印書館，
　　1967）。

（宋）周孚：《非詩辨妄》，《蠹齋鉛刀編》，《四庫
　　全書珍本》2集（臺北：臺灣商務印書館，
　　1971）。

昌彼得等編：《宋人傳記資料索引》（臺北：鼎文書局，1974）。

（清）段玉裁：《毛詩故訓傳》，《皇清經解》（臺北：復興書局，1960），第9冊。

（清）胡承珙：《毛詩後箋》，《皇清經解續篇》（臺北：藝文印書館，1965），第7—8冊。

（清）紀昀等纂校：《景印文淵閣四庫全書》（臺北：臺灣商務印書館，1983—88）。

（清）范家相：《詩瀋》，《四庫全書珍本》4集（臺北：臺灣商務印書館，1973）。

（清）馬瑞辰：《毛詩傳箋通釋》，《皇清經解續編》（臺北：藝文印書館，1965），第6—7冊。

（清）姚際恆：《詩經通論》（香港：中華書局，1963）。

（明）柯維騏：《宋史新編》（上海：大光書局，1935）。

（元）馬端臨：《文獻通考》（上海：商務印書館，
　　　1935）。

（明）胡廣等：《詩經大全》，《四庫全書珍本》5集
　　　（臺北：臺灣商務印書館，1974）。

（宋）范處義：《詩補傳》，《通志堂經解》（臺北：
　　　大通書局，1969），第17冊。

（漢）班固：《漢書》，百衲本《二十四史》（臺北：
　　　臺灣商務印書館，1967）。

夏傳才：《詩經研究史概要》（河南：中州書畫社，
　　　1982）。

（漢）范曄：《後漢書》，百衲本《二十四史》（臺
　　　北：臺灣商務印書館，1967）。

張心澂：《偽書通考》（臺北：宏業書局，1970）。

（清）陳奐：《詩毛氏傳疏》，《皇清經解續編》（臺
　　　北：藝文印書館，1965），第12冊。

（清）陳奐：《鄭氏箋考徵》，《皇清經解續編》（臺北：藝文印書館，1965），第13冊。

（清）崔述：《讀風偶識》，《崔東壁遺書》（上海：上海古籍出版社，1983）。

（元）梁益：《詩傳旁通》，《四庫全書珍本》4集（臺北：臺灣商務印書館，1973）。

（宋）陳振孫：《直齋書錄解題》（上海：上海古籍出版社，1987）。

（明）梁寅：《詩演義》，《四庫全書珍本》初集（上海：商務印書館，1934—35）。

（元）脫脫等：《宋史》，百衲本《二十四史》（臺北：臺灣商務印書館，1967）。

梁啟超：《清代學術概論》（臺北：臺灣中華書局，1970）。

梁啟超：《中國近三百年學術史》，朱維錚校注：《梁
　　　啟超論清學史二種》（上海：復旦大學出版社，
　　　1985）。

（清）陳啟源：《毛詩稽古篇》，《皇清經解》（臺
　　　北：復興書局，1960），第2冊。

（清）陳喬樅：《三家詩遺說考》，《皇清經解續編》
　　　（臺北：藝文印書館，1965），第16—17冊。

（唐）陸德明：《經典釋文》，《通志堂經解》（臺
　　　北：大通書局，1969），第40冊。

（孫吳）陸璣：《毛詩草本鳥獸蟲魚疏》，《叢書集成
　　　初編》（上海：商務印書館，1935—37），第
　　　1346冊。

（元）許謙：《詩集傳名物鈔》，《通志堂經解》（臺
　　　北：大通書局，1969），第18冊。

（宋）程大昌：《詩論》，《學海類編》（臺北：文源
　　　書局，1964），第1冊。

黃忠慎：《南宋三家詩經學》（臺北：臺灣商務印書館，1988）。

（清）焦循：《詩經補疏》，《皇清經解》（臺北：復興書局，1960），第16冊。

黃節：《詩序非衛宏所作說》（北平：昌發印國立清華大學講義，1930）。

（宋）黃震：《黃氏日鈔》，《四庫全書珍本》2集（臺北：臺灣商務印書館，1971）。

楊鍾基：《詩集傳舊說輯校》，香港中文大學聯合書院《文史叢刊》之4，1974。

（漢）趙岐注、（宋）孫奭疏：《孟子注疏》，《十三經注疏》（臺北：臺灣商務印書館，1981），第8冊。

趙沛霖：《詩經研究反思》（天津：天津教育出版社，1989）。

（宋）輔廣：《詩童子問》，《四庫全書珍本》4集
　　　（臺北：臺灣商務印書館，1973）。

（元）劉玉汝：《詩纘緒》（臺北：藝文印書館，
　　　1959）。

（宋）劉昫等：《舊唐書》，百衲本《二十四史》（臺
　　　北：臺灣商務印書館，1967）。

（宋）劉瑾：《詩傳通釋》，《四庫全書珍本》3集
　　　（臺北：臺灣商務印書館，1972）。

（宋）鄭樵：《通志略》（臺北：臺灣商務印書館，
　　　1968）。

（宋）歐陽修等：《新唐書》，百衲本《二十四史》
　　　（臺北：臺灣商務印書館，1967）。

（宋）歐陽修：《毛詩本義》，《通志堂經解》（臺
　　　北：大通書局，1969），第16冊。

（明）豐坊：《詩說》，《漢魏叢書》（上海：涵芬樓
　　　據明萬曆中新安程氏刊本影印，1925）。

（明）豐坊：《詩傳》，《增訂漢魏叢書》（清乾隆辛亥〔1791〕重刊本）。

（清）魏源：《詩古微》，《皇清經解續編》（臺北：藝文印書館，1965），第19冊。

（清）戴震：《毛鄭詩考正》，《皇清經解》（臺北：復興書局，1960），第9冊。

（清）戴震：《毛詩補注》，《皇清經解》（臺北：復興書局，1960），第9冊。

（唐）魏徵等：《隋書》，百衲本《二十四史》（臺北：臺灣商務印書館，1967）。

（宋）蘇轍：《詩集傳》，《四庫全書珍本》6集（臺北：臺灣商務印書館，1976）。

Chow, Tse Tsung, *The May Fourth Movement: Intellectual Revolution in Modern China* (Cambridge: Harvard University Press, 1960).

Van Zoeren, Steven, *Poetry and Personality - Reading, Exegesis, and Hermeneutics in Traditional China* (California: Stanford University Press, 1991).

參考論文

于大成：〈鄭樵詩學考〉，《成功大學學報》，卷16（1981年6月）。

王國維：〈說商頌〉，《觀堂集林》（北京：中華書局，1961），卷2，第1冊。

石文英：〈宋代學風變古中的"詩經"研究〉，《廈門大學學報（哲社版）》，1985年第4期。

阮廷焯：〈鄭樵詩辨妄考輯〉，《聯合書院學報》，第7期（1969）。

何定生：〈關於詩經通論及詩的起興〉，《中山大學語言歷史研究所周刊》，9卷97期（1929年9月）。

何定生：〈關于"詩經通論"〉，顧頡剛等編：《古史辨》（香港：太平書局根據樸社1931年版重印，1963），第3冊下編。

何定生：〈從言教到諫書看詩經的面貌〉，《孔孟學報》，1966年第11期。

李家樹：〈國風詩序與詩集傳之比較研究〉，"香港大學文學院碩士論文"，1977。

李家樹：〈詩經國風毛序朱傳異同考〉，《東方文化》，17卷1、2期合訂（1979）。

李家樹：〈試論"鄭風淫"的問題——宋朱熹、呂祖謙"詩經"論學述評〉，《抖擻》，第41期（1980年11月）。

李家樹：〈從經學到文學——方玉潤"詩經原始"讀後〉，in Wang, John C.Y. ed., *Chinese Literary Criticism of the Ch'ing Period (1644-1911)* (Hong Kong: Hong Kong University Press, 1993).

李家樹：〈社會變遷與歷代"詩經"研究〉，《中國文化研究所學報》，新第2期（1993）。

李家樹：〈何楷的"詩經世本古義"〉，《中國文化研究所學報》，新第3期（1994）。

李家樹：〈王質"詩總聞"的文學觀〉，《人文中國學報》，第2期（1996年1月）。

屈萬里：〈宋人疑經的風氣〉，《大陸雜誌》，29卷3期（1964年8月15日）。

屈萬里：〈先秦說詩的風尚和漢儒以詩說教的迂曲〉，《南洋大學學報》，卷5（1971）。

俞平伯：〈論商頌的年代〉，顧頡剛等編著：《古史辨》（香港：太平書局根據樸社1931年版重印，1963），第3冊下編。

胡念貽：〈論漢代和宋代的"詩經"研究及其在清代的繼承和發展〉，《文學評論》，1981年第6期。

原新梅：〈朱熹“詩集傳”對“毛詩序”的批判和繼承〉，《徐州師範學院學報（哲社版）》，1990年第4期。

胡適：〈談談“詩經”〉，顧頡剛等編著：《古史辨》（香港：太平書局根據樸社1931年版重印，1963），第3冊下編。

胡蘊玉：〈兩漢詩經學〉，《國學周刊》，第1期（1926年10月）。

夏傳才：〈論清代“詩經”研究的繼承和革新〉，《天津師院學報》，1982年第4期。

梁宗華：〈朱熹“詩集傳”對“詩經”研究的貢獻〉，《東岳論叢（濟南）》，1990年第3期。

陳美利：〈朱子詩集傳釋例〉，“臺灣政治大學中文研究所碩士論文”，1972。

莫礪鋒：〈朱熹“詩集傳”與“毛詩”的初步比較〉，《中國古典文學論叢》，第2輯（1985年8月）。

馮寶志：〈宋代詩經學概論〉，《古籍整理與研究》，
　　1986年第1期。

曾伯藩：〈論朱熹對詩經研究的功過〉，《江西師範學
　　院南昌分院學報》，1983年第2期。

楊鴻烈：〈道學先生研究“詩經”在內容和形式方面的
　　根本錯誤〉，《中國文學雜論》（上海：亞東圖
　　書館，1928）。

蔣凡：〈“思無邪”與“鄭聲淫”考辨——孔子美學思
　　想探索點滴〉，《社會科學戰線》編輯部編：
　　《古典文學論叢》，第3輯（濟南：齊魯書社，
　　1982）。

劉持生：〈“風”、“雅”、“頌”分類的時代意
　　義〉，北京人民文學出版社編：《詩經研究論文
　　集》（北京：北京人民文學出版社，1959）。

潘重規：〈朱子詩序舊說敘錄〉，《新亞書院學術年
　　刊》，第9期（1967年9月）。

鄭振鐸：〈讀 "毛詩序"〉，顧頡剛等編著：《古史辨》（香港：太平書局根據樸社1931年版重印，1963），第3冊下編。

錢玄同：〈論 "詩" 說及群經辨偽書〉，顧頡剛等編著：《古史辨》（香港：太平書局根據樸社1931年版重印，1963），第3冊下編。

賴炎元：〈朱熹的詩經學〉，《中國學術年刊》，卷2（1978年6月）。

錢 穆：〈讀詩經〉，《新亞學報》，5卷1期（1960）。

龍文科：〈胡適與 "整理國故"〉，丁曉強、徐梓編：《五四與現代中國——五四新論》（山西：山西人民出版社，1989）。

魏同賢：〈從 "詩傳" "詩說" 談到作偽、辨偽問題〉，《文獻》，1985年第2期。

顧頡剛：〈鄭樵詩辨妄輯本〉，《國學門周刊》，1卷5期（1925年11月11日）。

顧頡剛：〈"古史辨"第一冊自序〉，《古史辨》（香
　　　港：太平書局根據樸社1931年版重印，1963），
　　　第1冊。

顧頡剛：〈"詩經"在春秋戰國間的地位〉，《古史
　　　辨》（香港：太平書局根據樸社1931年版重印，
　　　1963），第3冊下編。

顧頡剛：〈"毛詩序"之背景與旨趣〉，《古史辨》
　　　（香港：太平書局根據樸社1931年版重印，
　　　1963），第3冊下編。

顧頡剛：〈從"詩經"中整理出歌謠的意見〉，《古史
　　　辨》（香港：太平書局根據樸社1931年版重印，
　　　1963），第3冊下編。

顧頡剛：〈論"詩經"所錄全為樂歌〉，《古史辨》
　　　（香港：太平書局根據樸社1931年版重印，
　　　1963），第3冊下編。

顧頡剛：〈詩經通論序〉，《文史雜誌》，5卷1、2期
　　　（1945年4月）。

（日）村山吉廣：〈王質"詩總聞"考略〉，《詩經研究》，第7號（1982年9月）。

Lee, Kar Shui and Wong, Siu Kit, "Poems of Depravity: a twelfth century dispute on the moral character of the *Book of Songs*", *T'oung Pao*, Vol.LXXV, 1989.

Lee, Kar Shui and Wong, Siu Kit, "Ideology with a Vengeance: the *Gushibian* interpretation of the *Shijing*", *Journal of Oriental Studies*, Vol.XXXI, No.1, 1993, Centre of Asian Studies, The University of Hong Kong.

Wong, Siu Kit, "Literary Criticism in Canonical Scholia", in Wang, John C.Y. ed., *Chinese Literary Criticism of the Ch'ing Period (1644-1911)* (Hong Kong: Hong Kong University Press, 1993).